매일매일 소원이 이루어지는
보·석·비·누·클·래·스

Original Japanese title: HONMONO MITAINA JEWEL SOAP
Copyright ⓒ 2019 Nanae Minamizawa
Original Japanese edition published by NIHONBUNGEISHA Co., Ltd.
Korean translation rights arranged with NIHONBUNGEISHA Co., Ltd.
through The English Agency (Japan) Ltd. and Danny Hong Agency

이 책의 한국어판 저작권은 대니홍 에이전시를 통한 저작권사와의 독점 계약으로
(주)위즈덤하우스 미디어그룹에 있습니다.
저작권법에 의해 한국 내에서 보호를 받는 저작물이므로 무단전재와 복제를 금합니다.

매일매일 소원이 이루어지는
보·석·비·누·클·래·스

미나미자와 나나에 지음 + 조수연 옮김

위즈덤하우스

PROLOGUE

진짜 보석처럼 아름다워서

받으면 절로 미소 짓게 되는 보석비누.

1월부터 12월까지의 탄생석과 신비한 기운이 담긴 파워스톤에

마음을 빼앗겼다면 꼭 직접 만들어보세요.

MP비누와 색소, 향료만 준비하면 주변의 흔한 도구로

누구나 쉽게 만들 수 있답니다.

어린이도 어른과 함께 만들어볼 수 있도록

사진을 담아 한눈에 알기 쉽게 설명했습니다.

소원을 이루어주는 파워스톤이니 탄생석을 만들어 긴직하거나

필요한 사람에게 선물한다면

우리 주위에 매일매일 행복이 가득할 거예요.

CONTENTS

PROLOGUE · · · · · 5
탄생석·파워스톤이란? · · · · · 8

GUIDE

ABOUT MP비누 · · · · · 12
도구 · · · · · 14
색소 · · · · · 17
향료 · · · · · 20
보석비누 성형하기 · · · · · 22
보석비누 보관법 · · · · · 23

MAKE

마블 보석비누

핑크 투르말린 · · · · · 24
차로아이트 · · · · · 28
화이트 오팔 · · · · · 30
비취 · · · · · 32
핑크 산호 · · · · · 34
하울라이트 · · · · · 36
선스톤 · · · · · 38

마블(울퉁불퉁) 보석비누

모스 아게이트 · · · · · 40
로도나이트 · · · · · 44
라피스 라줄리 · · · · · 46
로즈 쿼츠 · · · · · 48
가닛 · · · · · 50

레이어드(층) 보석비누

블루 레이스 아게이트 · · · · · 52
호안석 · · · · · 58
사도닉스 · · · · · 60

레이어드(소용돌이) 보석비누
아주르말라카이트　62
잉카 로즈　66

인클루전 보석비누
사파이어　68
루비　72
블루 문스톤　74
워터멜론 투르말린　76
터키석　78
오닉스　80

크랙 보석비누
에메랄드　82
자수정　86
임피리얼 토파즈　88
플루오라이트　90
수정　92
아쿠아마린　94
페리도트　96

몰드로 만드는 보석비누
미니 보석비누　98
레이어드 보석비누　100

⟨ IDEA ⟩
선물로　102
손 씻는 비누로　105
향낭으로　106
인테리어 소품으로　107

탄생석·파워스톤이란?

이 책에서 소개하는 보석비누는
일 년 열두 달의 탄생석과
파워스톤이라는 천연석을 본딴 디자인 천연비누입니다.
탄생석, 파워스톤에 담긴 의미를 이해한 후
비누를 만들면 더욱 흥미로울 거예요.

열두 달 탄생석

탄생석은 1월부터 12월까지 각 달을 상징하는 보석으로,
태어난 달의 탄생석을 몸에 지니면 행운이 찾아온다고 해요.

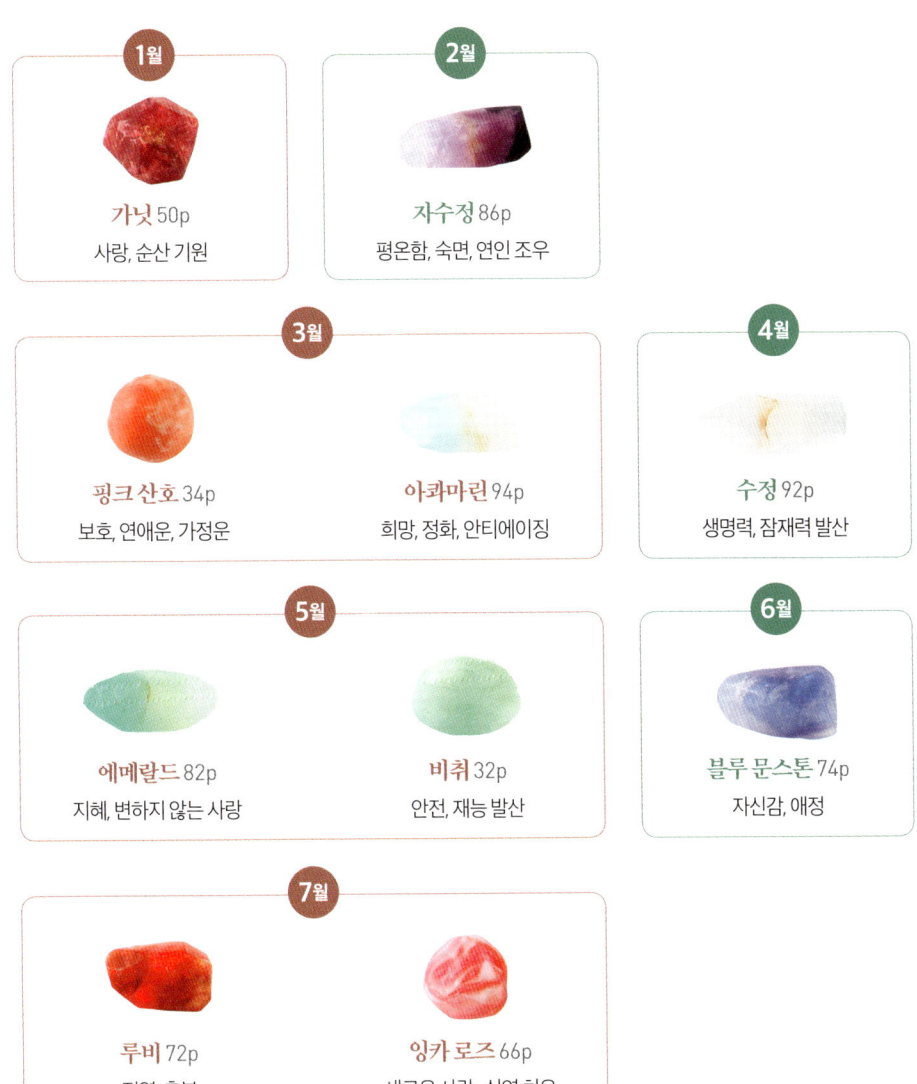

1월 가닛 50p
사랑, 순산 기원

2월 자수정 86p
평온함, 숙면, 연인 조우

3월 핑크 산호 34p
보호, 연애운, 가정운

아콰마린 94p
희망, 정화, 안티에이징

4월 수정 92p
생명력, 잠재력 발산

5월 에메랄드 82p
지혜, 변하지 않는 사랑

비취 32p
안전, 재능 발산

6월 블루 문스톤 74p
자신감, 애정

7월 루비 72p
정열, 축복

잉카 로즈 66p
새로운 사랑, 실연 치유

8월

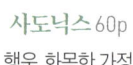
사도닉스 60p
행운, 화목한 가정

페리도트 96p
부부의 행복, 우정

오닉스 80p
극복, 용기

9월

사파이어 68p
강인함, 카리스마

10월

워터멜론 투르말린 76p
불안, 스트레스 해소

로즈 쿼츠 48p
자신감

10월

핑크 투르말린 24p
매력, 새로운 만남

화이트 오팔 30p
운명적인 사랑

호안석 58p
부, 소원 성취

11월

임피리얼 토파즈 88p
감수성, 창의력

12월

라피스 라줄리 46p
성장, 행운

터키석 78p
보호, 용기

파워스톤

파워스톤은 예로부터 소원을 이루어주고 부정적인 기운을 몰아내는
특별한 힘을 지녔다고 여기는 천연석입니다.
바라는 소원을 담은 파워스톤을 간직하면 좋은 결과를 불러온다고 믿는 것이지요.

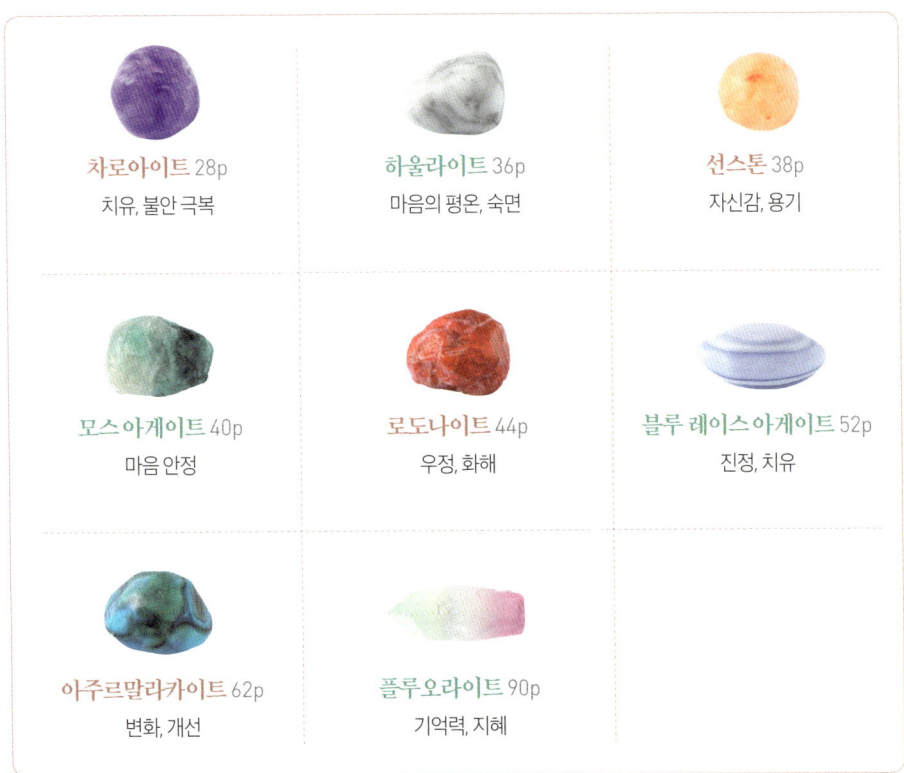

좋아하는 사람의 탄생석이나 도움이 될 만한 파워스톤을 생각해보고
그와 꼭 닮은 보석비누를 만들어서 마음을 담아 선물하면 정말 기뻐할 거예요.

GUIDE 보석비누를 시작하기 전에

ABOUT MP비누

보석비누의 베이스가 되는 MP비누. 비누 베이스라고 부르기도 하지요.
어떤 특성이 있으며 어떻게 다뤄야 하는지
주의사항을 미리 익혀둡시다.

MP비누란?

MP비누의 MP는 Melt & Pour(녹여서 붓는)의 줄임말로, 글리세린 비누라고도 합니다. 50~60℃에서 녹기 때문에 전자레인지나 중탕으로 녹인 후 좋아하는 색과 향을 첨가하면 쉽게 나만의 비누를 만들 수 있어요. MP비누는 제조사에 따라 원료부터 색, 투명도, 단단한 정도, 가격까지 모두 천차만별입니다. 만들고 싶은 디자인이나 특성에 맞게 MP비누를 고르는 것도 예쁜 보석비누를 완성하는 포인트가 된답니다. MP비누는 오른쪽 사진과 같은 블록 형태로 구입하면 편리해요.

여기서 살 수 있어요!
케이크숍 www.cakesoap.co.kr
왓숍 www.whatsoap.co.kr
버블뱅크 www.bubblebank.net

MP비누 녹이기

MP비누를 녹일 때는 1~2cm 크기로 잘라줍니다. 끓어 넘치기 쉬우므로 비누 양보다 조금 더 큰 내열 용기에 넣고 전자레인지로 상태를 확인해가면서 녹이세요. 비누 양이 많을 때는 덩어리진 것이 없도록 가끔 저어주면 좋겠지요. 끓어오르거나 여러 번 재가열하면 비누 속 수분의 균형이 무너져서 완성품에 물방울이 맺히거나 전체적으로 뿌옇게 되기 쉬우니 주의해야 합니다. 또한 녹은 MP비누는 아주 뜨거우니 화상을 입지 않도록 조심하세요. 비누를 흘리더라도 당황하며 바로 닦아내지 말고, 식어서 굳은 후에 떼면 깨끗하게 제거됩니다.

1~2cm 크기로 자른 상태. 남은 것은 밀폐 용기에 넣어 보관한다.

크랙 보석비누를 만들 때는 더 작게 자른다.

큼직한 내열 용기를 사용하면 비누가 너무 많이 가열돼도 끓어 넘치지 않는다.

MP비누를 다룰 때 주의할 점

예쁘게 만드는 비결은 온도 조절
색이 잘 어우러지는 비누, 층이 명확하게 보이는 비누 등 디자인에 맞게 MP비누의 온도를 조절하는 것이 의도대로 작품을 만드는 요령입니다. 온도의 기준은 MP비누를 가열한 후 종이컵을 잡았을 때 계속 잡고 있어도 괜찮을 정도로 따뜻하면 60℃ 전후, 뜨거워서 잡을 수 없을 정도면 70℃ 이상입니다. 아직 익숙하지 않다면 매번 온도계로 재서 확인하는 것이 좋겠지요.

시간이 지나면 온도가 떨어지므로 쓰기 직전에 온도계로 측정한다.

냉동실에서 식히는 시간은 최장 30분
비누를 굳힐 때는 실온에 잠시 두는 것이 좋지만, 한 김 식은 후 냉동실이나 얼음물로 식히면 단시간에 굳힐 수 있습니다. 다만, 만드는 도중에 급속도로 식히면 성형하기 어렵고, 비누에 금이 가는 원인이 되므로 권장하지 않습니다. 마지막 공정에서 완전히 굳히고 싶을 때 길어도 30분까지만 이용하세요.

기포가 생기면 즉시 제거
녹인 비누를 다루는 도중에 기포가 생겼을 때 무수 에탄올(15쪽 참조)을 뿌리면 사라집니다. MP비누가 굳기 시작하면 기포도 그대로 굳어버리니 녹아 있을 때 재빨리 처리하세요.

주의! 무수 에탄올은 불 옆에서는 사용하지 말 것

무수 에탄올을 스프레이 병에 담아 기포가 있는 곳에 칙칙 뿌려준다.

물방울이 맺히면 닦아내기
MP비누는 공기 중의 수분을 잘 끌어당기고 습기에 약하기 때문에 물방울이 맺히거나 표면이 하얗게 되기도 합니다. 작품을 보관할 때는 랩으로 감싸거나 (23쪽 참조) 밀폐 용기에 넣어 공기와 접촉하지 않게 하세요. 만드는 중이나 보관하는 중에 물방울이 맺히면 티슈나 면봉으로 꼼꼼히 빨아들이거나, 물로 한번 씻어서 잘 말린 후 랩으로 다시 감싸주세요.

비누를 세게 문지르면 모양이 변하므로 가볍게 누르면서 물기를 빨아들인다.

도구

보석비누를 만들기 전에 필요한 도구부터 준비하세요. 대부분 생활용품점에서 구입할 수 있으니 가벼운 마음으로 시작할 수 있어요.

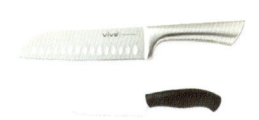

주방용 칼
MP비누를 작게 자르거나 보석비누를 성형할 때 사용합니다. 음식과 함께 사용하고 싶지 않다면 비누용 칼을 따로 준비해도 좋아요.

저울
MP비누를 계량합니다. 1g 단위로 1kg까지 측정할 수 있는 제품이면 충분합니다. 전자저울을 사용하면 필요한 분량의 비누를 추가할 때 편리합니다.

내열 용기(대·소)
MP비누를 전자레인지로 가열해서 녹일 때 필요한 도구입니다. 내열 플라스틱 제품이나 실리콘 제품 등 쓰기 편한 것으로 준비해주세요. 비누 양에 맞춰서 대(500㎖), 소(250㎖) 2가지면 충분합니다.

작은 숟가락(머들러)
플라스틱 일회용 머들러. 색소나 글리터(라메)를 첨가할 때 사용합니다.

종이컵(대·소)
녹인 MP비누를 나눠 담아서 색이나 향을 첨가할 때 사용합니다. 비누 양에 맞춰서 대(약 200㎖), 소(약 100㎖) 2가지를 준비하면 좋아요.

전자레인지
MP비누를 가열해서 녹입니다. 기종에 따라 가열 시간이 조금씩 다르므로 끓어 넘치지 않게 반드시 상태를 확인해가며 녹여야 합니다.

온도계
녹인 MP비누의 온도를 측정합니다.

종이 포일
부어서 굳힌 시트 모양의 비누가 잘 떨어지도록 트레이에 깔거나, 레이어드 보석비누의 모양을 만들기도 하고, 표면을 울퉁불퉁하게 성형할 때도 사용합니다.

가위
비누를 랩으로 감쌀 때 여분의 랩을 자릅니다. 레이어드 보석비누의 모양을 만들 때도 필요해요.

GUIDE

나무 꼬치
소량의 색소를 첨가하거나 흩뿌리기, 마블 모양 그리기 등 세밀한 작업을 할 때 편리합니다. 이쑤시개를 대신 사용할 수 있어요.

무수 에탄올과 스프레이 병
MP비누에 생긴 기포를 제거할 때 사용합니다. 약국에서 파는 무수 에탄올(화기엄금)을 알코올을 넣어도 되는 스프레이 병에 담습니다.

정제수
색소인 클레이나 티타늄디옥사이드를 녹일 때 사용해요. 약국에서 구입할 수 있지만, 없으면 물을 사용해도 됩니다.

플라스틱 주걱
소량의 색소를 첨가하거나 녹인 MP비누를 섞을 때 사용합니다. 없으면 나무젓가락을 써도 괜찮아요.

랩
완성된 보석비누를 깔끔하게 보관하기 위해 랩핑(23쪽 참조)할 때 쓰입니다. 얇고 잘 늘어나는 염화비닐 수지 제품이 좋아요.

키친타월
미지근한 물로 씻은 보석비누를 말릴 때 밑에 깔아줍니다. 흡수성이 좋은 제품을 사용하면 빨리 마릅니다.

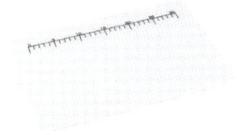

큰 볼
마무리로 비누를 씻을 때 미지근한 물을 담는 데 사용합니다. 비누가 완전히 잠길 정도로 깊은 제품이 좋아요. 대야나 세면대를 이용해도 됩니다.

커팅 보드
MP비누를 주방용 칼로 자를 때 작업대가 손상되지 않도록 밑에 깔아줍니다. 흠집이 나도 괜찮다면 책받침을 사용하세요.

작품에 따라 필요한 도구

큰 트레이
마블 보석비누, 인클루전 보석비누를 붓는 공정에서 비누액이 흘러넘치지 않게 하려고 사용합니다.

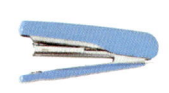

스테이플러
레이어드 보석비누의 틀을 만들 때 사용합니다.

내열 용기
인클루전 보석비누의 틀로 사용합니다. 이 책에서는 가로세로 7×7cm에 깊이가 4.5cm인 폴리프로필렌 제품을 사용했습니다. 또한, 크랙 보석비누를 만들 때 비누액을 기울여두는 용도로도 사용합니다(이 경우는 내열 제품 대신 깊고 작은 접시를 사용해도 좋습니다).

투명 플라스틱 컵
크랙 보석비누의 틀로 사용합니다. 이 책에서는 215㎖ 제품을 사용했습니다.

제과용 실리콘 틀
몰드로 만드는 미니 보석비누의 틀로 사용합니다. 실리콘 재질의 초콜릿 틀이 좋아요.

보석비누용 실리콘 틀
몰드로 만드는 레이어드 보석비누의 틀로 사용합니다. 인터넷에서 '실리콘 몰드 보석'이라고 검색하면 구입할 수 있어요. 이 책에서는 약 100g들이의 틀을 사용했습니다.

색소

이 책에서는 몇 가지 종류의 색소를 사용합니다.
용도와 사용법은 각각 다르지만
따뜻한 비누액에 넣어야 한다는 점은 모두 동일해요.

컬러젤

잘 섞이는 액체 형태라 MP비누에 색을 내기 적합한 색소입니다. 화이트와 블랙 외에는 투명감이 있어서 깔끔하게 완성할 수 있습니다. 색의 종류에 따라 짙거나 옅은데, 상태를 보면서 조금씩 넣어가며 색을 입히는 것이 포인트예요. 다른 색소와 섞을 수도 있어요. 앞에서 소개한 비누 재료 사이트에서 구매할 수 있습니다.

MP비누의 양이 적으면 컬러젤 1방울도 많습니다. 색을 아주 연하게 내고 싶다면 나무 꼬치 끝에 소량만 묻혀서 넣으면 돼요. 또한, 색을 섞을 때는 연한 색부터 풀고 진한 색을 보충하세요.

POINT 조금씩 사용하므로 한 색깔당 10㎖면 충분해요.

사파이어 블루 · 마린 블루 · 바이올렛 블루 · 로열 퍼플 · 카시스 그레이프

색소를 섞은 비누의 색 →
와인 레드 · 오렌지 · 레몬 옐로 · 에메랄드
색소의 색 →

화이트 · 파프리카 레드 · 펄 핑크 · 발렌시아

미모사 옐로 · 그래스 그린 · 펄 블루 · 블랙

마이카(MICA)

마이카는 운모라 하는 광물의 일종으로, 화장품에도 쓰입니다. 컬러 마이카는 마이카 가루 표면에 안료를 코팅한 것입니다. 투명감은 없지만, 광택과 선명한 발색이 특징입니다. 분말 그대로 MP비누에 섞을 수 있는데, 소량으로도 발색이 잘 되므로 조금씩 조절해서 넣어야 해요.

POINT 조금씩 사용하므로 한 색깔당 5g이면 충분합니다.

글리터(라메)

색을 내기보다는 반짝반짝 빛나는 느낌을 더할 때 사용합니다. 화장품용 제품부터 주얼리용, 네일용 등 종류가 다양한데, 비누의 부드러운 사용감을 중시한다면 입자가 고운 제품을 사용하는 것이 좋습니다.

POINT 조금씩 사용하므로 한 색깔당 5g이면 충분합니다.

클레이

팩이나 세안제로도 쓰이는 클레이는 스크럽으로 사용할 수 있습니다. 투명감은 거의 없지만 자연스럽고 차분한 색감이 특징입니다. MP비누에 섞을 때는 반드시 소량의 물(되도록 정제수)에 녹여서 넣어야 합니다. 가루 그대로 넣고 섞으면 덩어리질 수 있어요.

여기서 살 수 있어요!
케이크숍 www.cakesoap.co.kr
왓숍 www.whatsoap.co.kr
버블뱅크 www.bubblebank.net

POINT 조금씩 사용하므로 한 색깔당 5g이면 충분합니다.
클레이를 정제수에 녹이면 물에 녹이는 것보다 색의 투명감이 더 좋아집니다.

티타늄디옥사이드 & 대나무 숯

티타늄디옥사이드를 넣으면 투명감 없는 흰색이 되는데, 농도는 넣는 양으로 조절할 수 있습니다. MP비누에 섞을 때는 반드시 극소량의 물(되도록 정제수)에 녹여서 넣으세요.
반대로 대나무 숯을 넣으면 투명감 없는 검은색이 됩니다. 가루 그대로 MP비누에 섞을 수 있지만, 소량으로도 발색이 잘 되므로 조절하며 넣어야 합니다.

POINT 티타늄디옥사이드는 컬러젤의 화이트, 대나무 숯은 컬러젤의 블랙으로 대체 가능합니다. 이 책에서는 다루기 쉬운 컬러젤을 사용했습니다.

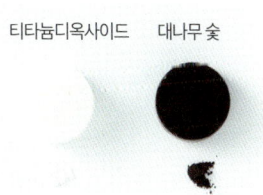

여기서 살 수 있어요!
케이크숍 www.cakesoap.co.kr
왓숍 www.whatsoap.co.kr
버블뱅크 www.bubblebank.net

향료

보석비누에 좋아하는 향을 첨가할 수도 있습니다. 비누가 굳기 시작하면 향료가 잘 섞이지 않으니 반드시 비누액이 따뜻할 때 넣으세요.

에센셜 오일

식물에서 추출한 휘발성 기름으로, 식물에 함유된 향 성분이 응축되어 있습니다. 천연 순도 100%라서 아로마테라피 효과도 있답니다. 종류에 따라 효능이 천차만별이니 용도에 맞게 선택하세요. 피부에 맞지 않는 분은 사용하면 안 됩니다.

주의! 고양이 같은 반려동물을 키우고 있다면 동물이 정유에 중독되는 증상을 보일 위험이 있으니 주의하세요.

작업 중에 에센셜 오일의 강한 향이 신경 쓰인다면 마스크를 착용해도 됩니다.

프래그런스 오일

에센셜 오일에 존재하지 않는 다양한 향을 즐길 수 있는 인공 향료입니다. 에센셜 오일에 가까운 향부터 초콜릿, 과일 향까지 종류가 아주 많아요. 화장품용 중에서 좋아하는 향을 선택하면 됩니다. 아로마테라피 효과는 없지만 에센셜 오일보다 향이 오래 가요.

여기서 살 수 있어요!
케이크숍 www.cakesoap.co.kr
왓숍 www.whatsoap.co.kr
버블뱅크 www.bubblebank.net

향료는 드롭퍼 마개(한 방울씩 나오게 하는 주둥이)가 있는 제품이 다루기 쉽고 편합니다. 드롭퍼 마개를 잘 보면 바깥쪽에 작은 공기 구멍이 있는데, 그 구멍이 위로 가게 해서 기울이면 한 방울씩 떨어지는 구조입니다. 흔들어 넣지 말고 한 방울씩 세면서 넣으세요.

향료 사용 시 주의점

과용하면 불쾌한 촉감으로 변이
에센셜 오일도 프래그런스 오일도 너무 많이 넣으면 미끈미끈하고 끈적해지며 향도 너무 강해집니다.
MP비누 10g당 향료는 두 방울까지가 적당합니다.

MP비누	에센셜 or 프래그런스 오일
10g	2방울
50g	10방울
100g	20방울

발색에 영향을 주는 색이 진한 오일
에센셜 오일과 프래그런스 오일은 진한 노란색이나 갈색을 띠기도 합니다. MP비누에 이렇게 색이 진한 향료를 넣으면 베이스가 되는 비누액의 색도 변하므로 같은 색소를 넣어도 발색이 달라지는 경우가 있습니다.

녹인 MP비누에 색이 연한 바닐라 에센셜 오일을 넣은 것이 왼쪽, 색이 진한 그린티 에센셜 오일을 넣은 것이 오른쪽.

앞의 비누액에 각각 사파이어 블루 컬러젤을 1방울씩 넣어서 섞으니 미묘하게 달라진 발색.

보석비누 성형

보석비누의 모양을 완성하는 기법은 크게 4가지가 있습니다.
자세한 성형법은 각각의 제작법 페이지에서 확인해주세요.

반짝반짝하게 완성하고 싶다면
칼을 눕혀서 잘라내기

칼을 ㅅ자 모양을 그리듯이 눕혀서 비누를 잘라내면 단면의 아름다움이 돋보입니다. 단면이 많이 생기도록 잘라내면 빛이 반사되어 반짝반짝 빛나요.

매끈매끈하게 완성하고 싶다면
미지근한 물에 담가서 씻기

마지막에 미지근한 물에 담가서 문질러 씻으면 표면의 울퉁불퉁함이 다듬어져서 매끈매끈하고 둥글게 완성됩니다. 씻으면서 거품이 생기면 미지근한 물에 다시 담갔다가 건져내거나 에탄올을 뿌리면 사라집니다.

뾰족하게 완성하고 싶다면
칼로 비누 끝을 깎아내기

길쭉하게 자른 비누를 가로로 눕혀서 방향을 바꿔가며 한쪽 끝을 뾰족하게 깎습니다. 플루오라이트, 수정을 만들 때 사용해요.

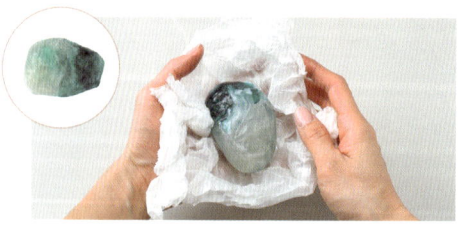

울퉁불퉁하게 완성하고 싶다면
종이 포일로 감싸서 쥐기

비누가 부드러울 때 구긴 종이 포일로 감싸서 손으로 꽉 쥐면 주름의 흔적이 남아서 표면이 울퉁불퉁해집니다. 모스 아게이트, 로도나이트, 라피스 라줄리를 만들 때 사용해요.

MP비누로 듬성듬성
코팅하기

녹인 MP비누로 보석비누 표면을 듬성듬성 코팅하면 요철이 생겨서 울퉁불퉁해집니다. 로즈 쿼츠를 만들 때 활용하는 방법입니다.

GUIDE

보석비누 보관법

보석비누는 완성하면 한동안은 장식해 감상하고 싶지요. 보관할 때 주의사항을 지키면 아름다운 모습을 그대로 유지할 수 있어요.

깔끔하게 보관하는 포인트

MP비누는 습기에 약하기 때문에 완성한 보석비누를 그대로 방치하면 물방울이 맺히거나 표면이 하얗게 되기도 합니다. 보관할 때는 완성하자마자 랩으로 감싸거나 밀폐 용기에 넣어서 공기가 닿지 않게 하세요. 또한, 열에 쉽게 녹으니 직사광선이 닿는 창가나 따뜻한 바람이 부는 장소는 피하세요.

랩으로 감싸는 법

1

랩을 넉넉한 크기로 잘라 바닥에 깝니다. 비누의 바닥이 되는 면을 랩 끝에 놓고 말기 시작합니다.

2

랩을 팽팽하게 당겨서 공기가 들어가지 않게 하며 비누에 밀착시켜요. 공기가 들어갔다면 손가락으로 누르면서 밀어 빼냅니다.

3

되도록 랩이 겹치지 않게 여분을 가위로 자르면서 계속 말아갑니다.

4

전체를 감쌌으면 비누의 바닥 부분에서 남은 랩을 자릅니다.

5

말기 시작한 부분과 끝부분을 겹쳐서 잘 붙이면 완성입니다.

핑크 투르말린
Pink tourmaline

10월의 탄생석.
젊음과 아름다움처럼 외적인 매력을 끌어올려
연애운을 높이는 힘을 지니고 있습니다.
새로운 만남의 기회를 가져다주는 보석이기도 해요.

마블 기본

⏱ 40min 📏 6cm

Ingredients

Basic
- MP비누 140g
- 좋아하는 향료 28방울

Color
- 펄 핑크(컬러젤 cj-10)
- 캔디 핑크(마이카 ma-22)
- 화이트 스파클(마이카 ma-18)
- 골든 플레이크(글리터 gl-23)

Ready

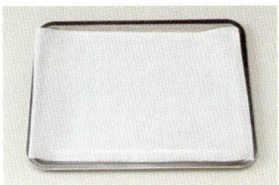

트레이에 종이 포일을 깐다.

MP비누 140g을 녹이고(12쪽 참조) 향료를 28방울 넣는다.

Ready

녹인 MP비누를 오른쪽의 분량만큼 종이컵에 나누어 담고, 각각 색소를 넣은 뒤 주걱으로 잘 섞는다.

ⓐ MP비누 50g + 펄 핑크 1방울
ⓑ MP비누 30g + 캔디 핑크 1/2작은술
ⓒ MP비누 20g + 화이트 스파클 1/2작은술
ⓓ MP비누 40g + 골든 플레이크 1/2작은술

1

준비해둔 종이 포일 위에 ⓐ와 ⓑ를 좌우로 동시에 붓는다.

POINT 이때 비누가 굳었다면 반드시 주르륵 흐를 정도(65℃ 이상)가 될 때까지 전자레인지로 다시 가열해서 녹인다.

2

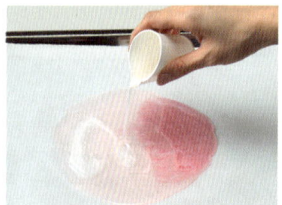

1이 굳기 전에 ⓒ를 빙빙 원을 그리며 고루 뿌린다.

POINT 컵의 가장자리를 뾰족하게 접어서 주둥이를 만들면 원하는 모양으로 붓기 쉽다.

3

이어서 ⓓ도 원을 그리며 고루 뿌린다.

4

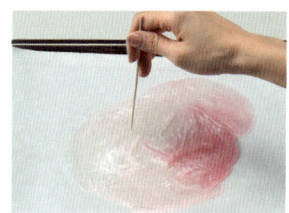

나무 꼬치를 사방으로 움직이며 마블 모양을 그린다.

5

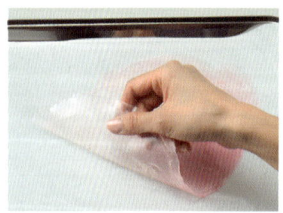

실온에 몇 분간 두었다가 굳기 시작하면 포일에서 떼어낸다.

6

떼어낸 비누 시트를 5~6조각으로 찢는다.

7

각 조각의 색감을 살피면서 손바닥 위에 원하는 무늬로 포갠다.

POINT 비누가 따뜻해야 부드러워서 성형이 잘 되므로 7부터 10까지는 순서를 미리 숙지해두고 최대한 빠르게 작업한다.

| 8 | 9 | 10 |

  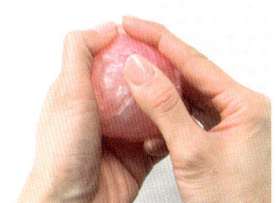

양손으로 감싸서 둥글게 뭉친다. | 비누가 부드러울 때 힘을 꽉 줘서 단단하게 만든다. | 표면을 손가락으로 꾹꾹 눌러가며 동그랗게 만든다.

| 11 | 12 | 13 |

볼에 미지근한 물을 담고 비누를 넣어서 표면이 매끈매끈해지도록 손으로 문질러 씻는다. | 예쁘게 모양이 다듬어질 때까지 씻었으면 물에서 조심히 건져낸다. 이렇게 해야 표면에 거품이 잘 생기지 않는다. | 키친타월 위에 올려놓고 잘 말린다.

마블 응용

차로아이트
Charoite

 5cm

세계 3대 힐링스톤 중 하나입니다.
마음을 치유하는 힘이 강해서 두려움과 불안을 극복하게 해줍니다.
차로아이트는 인복을 좋게 만드는 힘도 지니고 있어요.

Ingredients

Basic
- MP비누 140g
- 좋아하는 향료 28방울

Color
- 바이올렛(마이카 ma-09)
- 로열 퍼플(컬러젤 cj-19)
- 화이트 스파클(마이카 ma-18)
- 다이아몬드 실버(글리터 gl-06)

Ready

※ 자세한 제작법은 24~27쪽 핑크 투르말린 참조

- 트레이에 종이 포일을 깐다.
- MP비누 140g을 녹이고 향료를 28방울 넣는다.
- 녹인 MP비누를 오른쪽 분량대로 종이컵에 나누어 담고, 각각 색소를 넣어서 주걱으로 잘 섞는다.

- ⓐ MP비누 40g + 바이올렛 1/2작은술
- ⓑ MP비누 40g + 로열 퍼플 1방울
- ⓒ MP비누 20g + 화이트 스파클 1/2작은술
- ⓓ MP비누 40g + 다이아몬드 실버 1/2작은술

1
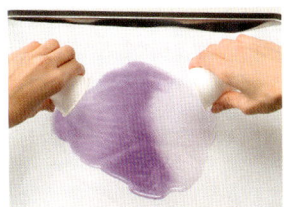

준비해둔 종이 포일 위에 ⓐ와 ⓑ를 좌우로 동시에 붓는다.

2

1의 표면이 굳기 전에 ⓒ를 빙빙 원을 그리며 고루 뿌린다. 이어서 ⓓ도 원을 그리며 붓는다.

3

나무 꼬치를 사방으로 움직이며 마블 무늬를 그린다.

4

실온에 몇 분간 두었다가 굳기 시작하면 포일에서 떼어내서 5~6조각으로 찢는다.

5

색감을 살피면서 손으로 비누 조각을 원하는 무늬로 포개고, 양손으로 감싸서 둥글게 뭉친다.

6

비누가 부드러울 때 단단히 쥐어서 동그랗게 만든다. 미지근한 물에 비누를 넣어서 씻은 다음, 키친타월 위에 놓고 잘 말린다.

마블 응용

화이트 오팔
White-opal

 8cm

10월의 탄생석.
운명의 사람과 이어지게 해서 큐피드 스톤이라고도 합니다.
재능을 끌어올리는 힘도 있어요.

Ingredients

Basic
- ○ MP비누 150g
- ○ 좋아하는 향료 30방울

Color
- ○ 화이트 스파클(마이카 ma-18)
- ○ 로열 퍼플(컬러젤 cj-19)
- ○ 그래스 그린(컬러젤 cj-17)
- ○ 펄 핑크(컬러젤 cj-10)
- ○ 펄 블루(컬러젤 cj-09)
- ○ 크리스털 믹스(글리터 gl-21)

Ready

※ 자세한 제작법은 24~27쪽 핑크 투르말린 참조
- 트레이에 종이 포일을 깐다.
- MP비누 150g을 녹이고 향료 30방울과 화이트 스파클 2작은술을 넣고 주걱으로 잘 섞는다.
- 색을 입힌 MP비누를 오른쪽 분량만큼 종이컵에 나누어 담고, 각각 색소를 넣어서 주걱으로 잘 섞는다.

- ⓐ 화이트 스파클 섞은 MP비누 30g + 로열 퍼플 1방울
- ⓑ 화이트 스파클 섞은 MP비누 30g + 그래스 그린 1방울
- ⓒ 화이트 스파클 섞은 MP비누 30g + 펄 핑크 1방울
- ⓓ 화이트 스파클 섞은 MP비누 30g + 펄 블루 1방울
- ⓔ 화이트 스파클 섞은 MP비누 30g + 크리스털 믹스 1/2작은술

1

준비해둔 종이 포일 위에 ⓐ, ⓑ, ⓒ, ⓓ를 사방에서 동시에 붓는다.

2

1의 표면이 굳기 전에 ⓔ를 빙빙 원을 그리며 고루 뿌린다.

3

나무 꼬치를 사방으로 움직이며 마블 모양을 그린다.

4

실온에 몇 분간 두었다가 굳기 시작하면 포일에서 떼어내서 5~6조각으로 찢는다.

5

색감을 살피면서 손으로 비누 조각을 원하는 무늬로 포개고, 양손으로 감싸서 둥글게 뭉친다.

6

비누가 부드러울 때 단단히 쥐어서 동그랗게 만든다. 미지근한 물에 비누를 넣어서 씻은 다음, 키친 타월 위에 놓고 잘 말린다.

마블 응용

비취

— Jade —

8cm

5월의 탄생석.
재난으로부터 안전하게 지키는 힘을 지니고 있습니다.
또한 숨겨진 재능을 꽃피워서 꿈을 이루게 도와주는 보석입니다.

Ingredients

Basic
- MP비누 150g
- 좋아하는 향료 30방울

Color
- 화이트(컬러젤 cj-23) 또는 티타늄 디옥사이드(극소량의 물에 녹인다)
- 에메랄드(컬러젤 cj-12)
- 그래스 그린(컬러젤 cj-17)
- 미모사 옐로(컬러젤 cj-16)

Ready

※ 자세한 제작법은 24~27쪽 핑크 투르말린 참조
- 트레이에 종이 포일을 깐다.
- MP비누 150g을 녹이고 향료를 30방울 넣는다.
- 녹인 MP비누를 오른쪽 분량대로 종이컵에 나누어 담고, 각각 색소를 넣어서 주걱으로 잘 섞는다.

- ⓐ MP비누 50g + 화이트 3방울
- ⓑ MP비누 20g + 화이트 1방울 + 에메랄드 1방울
- ⓒ MP비누 20g + 그래스 그린 1방울
- ⓓ MP비누 20g + 미모사 옐로 1방울
- ⓔ MP비누 40g + 화이트 2방울

1

준비해둔 종이 포일 위에 ⓐ를 붓는다.

2

1의 표면이 굳기 전에 ⓑ를 빙빙 원을 그리며 고루 뿌린다. 이어서 ⓒ, ⓓ, ⓔ를 순서대로 원을 그리며 붓는다.

3

나무 꼬치를 사방으로 움직이며 마블 무늬를 그린다.

4

실온에 몇 분간 두었다가 굳기 시작하면 포일에서 떼어내 5~6조각으로 찢는다.

5

색감을 살피면서 손으로 비누 조각을 원하는 무늬로 포개고, 양손으로 감싸서 둥글게 뭉친다.

6

비누가 부드러울 때 단단히 쥐어서 동그랗게 만든다. 미지근한 물에 비누를 넣어서 씻은 다음, 키친 타월 위에 놓고 잘 말린다.

마블 응용

핑크 산호
Pink coral

 6cm

3월의 탄생석.
예로부터 귀신을 쫓고 위험을 피하게 도와주는 보석으로 사랑받아왔습니다.
연애운과 가정운을 좋게 합니다.

Ingredients

Basic
- MP비누 150g
- 좋아하는 향료 30방울

Color
- 화이트(컬러젤 cj-23) 또는 티타늄 디옥사이드(극소량의 물에 녹인다)
- 코럴(마이카 ma-03)

Ready

※ 자세한 제작법은 24~27쪽 핑크 투르말린 참조
- 트레이에 종이 포일을 깐다.
- MP비누 150g을 녹이고 향료를 30방울 넣는다.
- 녹인 MP비누에 화이트 8방울을 넣고 주걱으로 잘 섞는다. 종이컵에 20g을 따로 덜고, 남은 130g에 코럴 2작은술을 넣고 잘 섞는다.

ⓐ 화이트 섞은 MP비누 130g+코럴 2작은술
ⓑ 화이트 섞은 MP비누 20g

1

준비해둔 종이 포일 위에 ⓐ를 붓는다.

2

1의 표면이 굳기 전에 ⓑ를 빙빙 원을 그리며 고루 뿌린다.

3

나무 꼬치를 사방으로 움직이며 마블 무늬를 그린다.

4

실온에 몇 분간 두었다가 굳기 시작하면 포일에서 떼어내 5~6조각으로 찢는다.

5

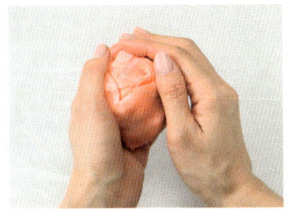

색감을 살피면서 손으로 비누 조각을 원하는 무늬로 포개고, 양손으로 감싸서 둥글게 뭉친다.

6

비누가 부드러울 때 단단히 쥐어서 공 모양을 만든다. 미지근한 물에 비누를 넣어서 씻은 다음, 키친타월 위에 놓고 잘 말린다.

마블 응용

하울라이트
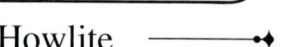

 7cm

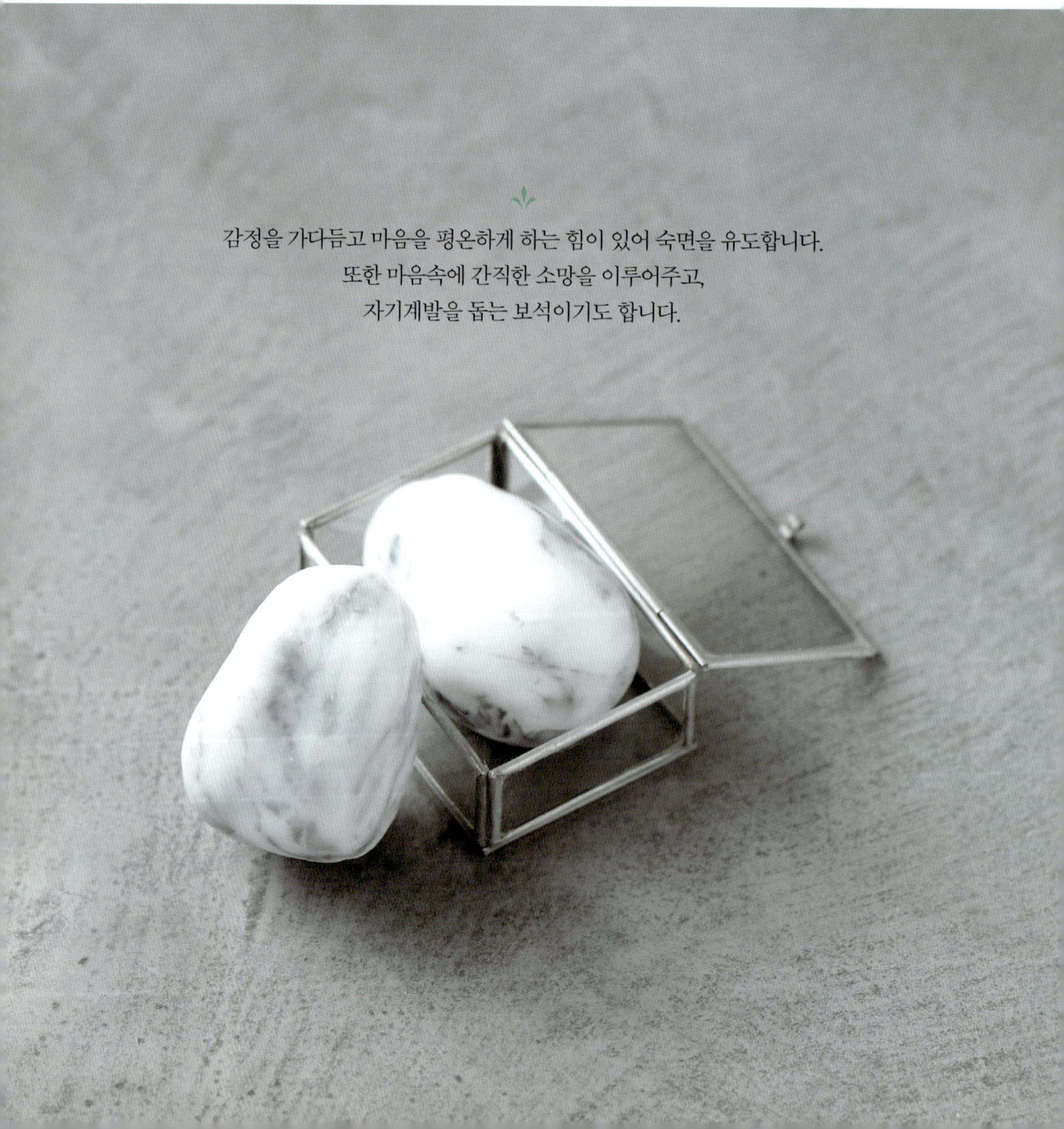

감정을 가다듬고 마음을 평온하게 하는 힘이 있어 숙면을 유도합니다.
또한 마음속에 간직한 소망을 이루어주고,
자기계발을 돕는 보석이기도 합니다.

Ingredients

Basic
- MP비누 150g
- 좋아하는 향료 30방울

Color
- 화이트(컬러젤 cj-23) 또는 티타늄 디옥사이드(극소량의 물에 녹인다)
- 블랙(컬러젤 cj-22) 또는 대나무 숯

Ready

※ 자세한 제작법은 24~27쪽 핑크 투르말린 참조
- 트레이에 종이 포일을 깐다.
- MP비누 150g을 녹이고 향료를 30방울 넣는다.
- 녹인 MP비누에 화이트 8방울을 넣고 주걱으로 잘 섞는다. 종이 컵에 20g을 따로 덜고 블랙 1방울을 넣어 잘 섞는다.

ⓐ 화이트 섞은 MP비누 130g
ⓑ 화이트 섞은 MP비누 20g+블랙 1방울

1

준비해둔 종이 포일 위에 ⓐ를 붓는다.

2

1의 표면이 굳기 전에 ⓑ를 빙빙 원을 그리며 고루 뿌린다.

3

나무 꼬치를 사방으로 움직이며 마블 무늬를 그린다.

4

실온에 몇 분간 두었다가 굳기 시작하면 포일에서 떼어내 5~6조각으로 찢는다.

5

색감을 살피면서 손으로 비누 조각을 원하는 무늬로 포개고, 양손으로 감싸서 둥글게 뭉친다.

6

비누가 부드러울 때 단단히 쥐어서 동그랗게 만든다. 미지근한 물에 비누를 넣어서 씻은 다음, 키친 타월 위에 놓고 잘 말린다.

마블 응용

선스톤
Sunstone

 7cm

자존감을 높이고 자신감 회복을 도와주는 보석입니다.
선스톤을 지니고 있으면 도전하고픈 용기가 솟아나고,
인생을 긍정적으로 즐기게 될 거예요.

Ingredients

Basic
- MP비누 150g
- 좋아하는 향료 30방울

Color
- 골든 플레이크(글리터 gl-23)
- 발렌시아(컬러젤 cj-15)
- 코럴(마이카 ma-03)

Ready

※ 자세한 제작법은 24~27쪽 핑크 투르말린 참조
- 트레이에 종이 포일을 깐다.
- MP비누 150g을 녹이고 향료를 30방울 넣는다.
- 녹인 MP비누를 오른쪽의 분량대로 종이컵에 나누어 담고, 각각 색소를 넣어서 주걱으로 잘 섞는다.

ⓐ MP비누 100g + 골든 플레이크 1/2 작은술
ⓑ MP비누 50g + 발렌시아 2방울

1

준비해둔 종이 포일 위에 ⓐ와 ⓑ를 좌우로 동시에 붓는다.

2
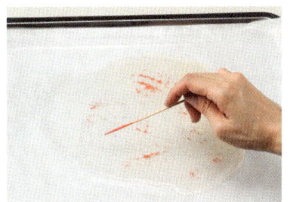

1의 표면이 굳기 전에 마이카 색소 코럴을 나무 꼬치 끝에 묻혀서 손가락으로 톡톡 두드려 그 위로 떨어뜨리며 고루 흩뿌린다.

3

실온에 몇 분간 두었다가 굳기 시작하면 포일에서 비누를 떼어낸다.

4

떼어낸 비누 시트를 5~6조각으로 찢는다.

5
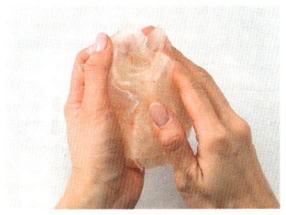

색감을 살피면서 비누 조각을 원하는 무늬로 포개고, 양손으로 감싸서 둥글게 뭉친다.

6
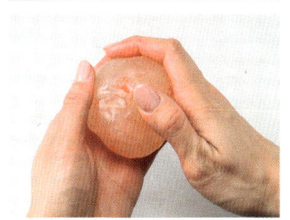

비누가 부드러울 때 단단히 쥐어서 동그랗게 만든다. 미지근한 물에 비누를 넣어서 씻은 다음, 키친 타월 위에 놓고 잘 말린다.

모스 아게이트
Moss agate

예로부터 풍작을 가져다주는 보석으로 귀중히 여겼습니다.
마음을 안정시키고 편안하게 하는 힐링 효과도 있어요.

마블(울퉁불퉁) **기본**

⏱ 30 min 📏 8cm

Ingredients

Basic
- MP비누 150g
- 좋아하는 향료 30방울

Color
- 그린 클레이(극소량의 물에 녹인다)
- 에메랄드(컬러젤 cj-12)
- 카시스 그레이프(컬러젤 cj-21)
- 화이트(컬러젤 cj-23) 또는 티타늄디옥사이드(극소량의 물에 녹인다)

Ready

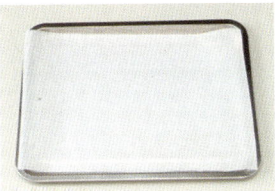

트레이에 종이 포일을 깐다.

MP비누 150g을 녹이고(12쪽 참조) 향료를 30방울 넣는다.

Ready

종이컵에 그린 클레이 1/2작은술을 넣고 극소량의 물(되도록 정제수)을 부어 잘 섞다가 녹인 MP비누 30g을 넣고 주걱으로 잘 섞는다. 남은 MP비누도 오른쪽 분량대로 종이컵에 나누어 담고, 색을 섞지 않은 100g을 제외하고 각각 색소를 넣어서 잘 섞는다.

ⓐ MP비누 100g
ⓑ MP비누 30g+그린 클레이 1/2작은술
ⓒ MP비누 10g+에메랄드 2방울+카시스 그레이프 1방울
ⓓ MP비누 10g+화이트 1방울

1

준비해둔 종이 포일 위에 ⓐ와 ⓑ를 좌우로 동시에 붓는다.
POINT 이때 비누가 굳어 있으면 반드시 주르륵 흐르는 액상이(65℃ 이상) 될 때까지 전자레인지로 다시 가열해서 녹인다.

2

1의 표면이 굳기 전에 색을 섞지 않은 비누 위에만 ⓒ를 일자무늬로 길게 그리며 붓는다.
POINT 컵의 가장자리를 뾰족하게 접어서 주둥이를 만들면 붓기 쉽다.

3

이어서 ⓒ를 부은 부분 위에만 ⓓ도 같은 방법으로 붓는다.

4

ⓒ와 ⓓ를 부은 부분만 나무 꼬치를 사방으로 움직여 마블 모양을 그린다.

5

실온에 몇 분간 두고, 굳기 시작하면 비누를 종이 포일에서 떼어낸다.

6

떼어낸 비누 시트를 5~6조각으로 찢는다.

7

색감을 살피면서 절반이 하얀색을 띠도록 비누 조각을 포갠다.
POINT 비누가 따뜻해야 부드러워서 성형이 잘 되므로 미리 순서를 잘 숙지해 두었다가 7부터 10까지는 재빨리 작업한다.

8

비누를 양손으로 감싸서 둥글게 뭉치고, 부드러울 때 단단히 쥔다. 표면을 손가락으로 가볍게 다듬는다.

9

구겨서 주름을 만든 종이 포일로 비누를 감싼다.

10

한 번 더 힘을 줘서 꽉 쥔다. 종이 포일의 주름을 이용해 돌처럼 울퉁불퉁한 느낌을 표현한다.

11

비누가 완전히 굳으면 커팅 보드에 올린다. 거친 부분을 남기면서 평평한 면도 생기도록 칼을 비스듬히 대고 군데군데 잘라낸다.
POINT 잘라내기 전에 랩으로 감싸서 10분 정도 냉동실에서 차갑게 굳히면 자르기 쉽다.

마블(울퉁불퉁)응용

로도나이트
Rhodonite

 8cm

우리말로는 장미휘석이라고 하며, 우정의 돌로도 불립니다.
관계를 회복시키는 힘을 지니고 있어서
연인과 재회하거나 친구와 화해하고 싶을 때 효과적이에요.

Ingredients

Basic
- MP비누 140g
- 좋아하는 향료 28방울

Color
- 레드(마이카 ma-07)
- 파프리카 레드(컬러젤 cj-14)
- 와인 레드(컬러젤 cj-06)
- 화이트(컬러젤 cj-23) 또는 티타늄 디옥사이드(극소량의 물에 녹인다)

Ready

※ 자세한 제작법은 40~43쪽 모스 아게이트 참조

- 트레이에 종이 포일을 깐다.
- MP비누 140g을 녹이고 향료를 28방울 넣는다.
- 녹인 MP비누를 오른쪽 분량대로 종이컵에 나누어 담고, 각각 색소를 넣어 주걱으로 섞는다.

ⓐ MP비누 100g+레드 1작은술+파프리카 레드 1방울
ⓑ MP비누 20g+와인 레드 1방울
ⓒ MP비누 20g+화이트 1방울

1

준비해둔 종이 포일 위에 ⓐ를 부어 넣는다.

2

1의 표면이 굳기 전에 ⓑ를 빙빙 원을 그리며 고루 뿌린다. 이어서 ⓒ도 원을 그리며 뿌리고, 나무 꼬치를 사방으로 움직이며 마블 무늬를 그린다.

3

실온에 몇 분간 두었다가 굳기 시작하면 포일에서 떼어내 5~6조각으로 찢는다.

4

색감을 살피면서 원하는 무늬로 포갠다. 비누를 양손으로 감싸서 둥글게 뭉치고, 부드러울 때 단단히 쥔다. 표면은 손가락으로 가볍게 다듬는다.

5
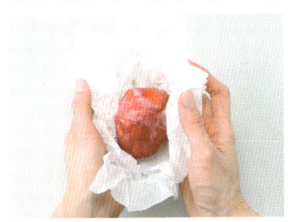

구겨서 주름을 만든 종이 포일로 비누를 감싸고, 한 번 더 힘을 줘서 꽉 쥔다.

6
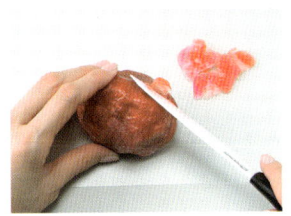

비누가 완전히 굳으면 거친 부분을 남기면서 평평한 면도 생기도록 칼을 비스듬히 대고 군데군데 잘라낸다.

마블(울퉁불퉁) 응용

라피스 라줄리
Lapis lazuli

8cm

12월의 탄생석.
바라는 미래를 위해
때로는 시련을 주어 빠른 성장을 유도하고,
이를 통해 큰 행운을 가져다주는 보석입니다.

Ingredients

Basic
○ MP비누 140g
○ 좋아하는 향료 28방울

Color
○ 슈퍼 블루(마이카 ma-20)
○ 바이올렛(마이카 ma-09)
○ 샤인 실버(마이카 ma-57)

Ready

※ 자세한 제작법은 40~43쪽 모스 아게이트 참조

• 트레이에 종이 포일을 깐다.
• MP비누 140g을 녹이고 향료를 28방울 넣는다.
• 녹인 MP비누를 오른쪽 분량대로 종이컵에 나누어 담고, 각각 색소를 넣어서 주걱으로 잘 섞는다.

ⓐ MP비누 70g + 슈퍼 블루 1/2작은술 + 바이올렛 1/2작은술
ⓑ MP비누 70g + 슈퍼 블루 1/2작은술

1

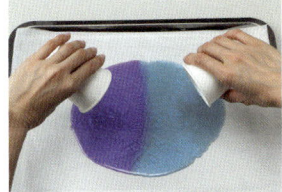

준비해둔 종이 포일 위에 ⓐ와 ⓑ를 좌우로 동시에 붓는다.

2

1의 표면이 굳기 전에 마이카 색소 샤인 실버를 나무 꼬치 끝에 묻혀서 손가락으로 톡톡 두드려 떨어뜨리며 고루 흩뿌린다. 비누가 굳기 시작하면 포일에서 떼어내 5~6 조각으로 찢는다.

3

색감을 살피면서 원하는 무늬로 포갠다. 비누를 양손으로 감싸서 둥글게 뭉치고, 부드러울 때 단단히 쥔다. 표면을 손가락으로 가볍게 다듬는다.

4

구겨서 주름을 만든 종이 포일로 비누를 감싸고, 한 번 더 힘을 줘서 꽉 쥔다.

5

비누가 완전히 굳으면 거친 부분을 남기면서 평평한 면도 생기도록 칼을 비스듬히 대고 군데군데 잘라낸다.

6

색감이 고루 분포되었는지 확인하며, 손가락으로 마이카 색소 샤인 실버를 표면에 더 묻힌다.

마블(울퉁불퉁) 응용

로즈 쿼츠
Rose quartz

9cm

10월의 탄생석.
우리말로는 장미 수정이라고 합니다.
스스로를 사랑하게 만들어줘서
본연의 매력이 드러나 사랑을 쟁취할 수 있게 해줍니다.

Ingredients

Basic
○ MP비누 150g
○ 좋아하는 향료 30방울

Color
○ 로터스 핑크(마이카 ma-23)
○ 펄 핑크(컬러젤 cj-10)
○ 다이아몬드 펄(마이카 ma-01)
○ 화이트 스파클(마이카 ma-18)
○ 골든 스파클(마이카 ma-13)

Ready

※ 자세한 제작법은 40~43쪽 모스 아게이트 참조

• 트레이에 종이 포일을 깐다.
• MP비누 150g을 녹이고 향료를 30방울 넣는다.
• 녹인 MP비누를 오른쪽 분량대로 종이컵에 나누어 담고, 각각 색소를 넣어서 주걱으로 잘 섞는다.

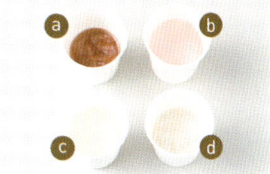

ⓐ MP비누 30g+로터스 핑크 1/2작은술
ⓑ MP비누 50g+펄 핑크 1방울
ⓒ MP비누 40g+다이아몬드 펄 1/2작은술
ⓓ MP비누 30g+화이트 스파클 1/2작은술

1

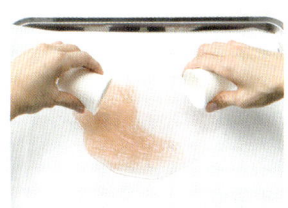

준비해둔 종이 포일 위에 ⓐ와 ⓑ를 좌우로 동시에 붓는다. 표면이 굳기 전에 ⓒ를 빙빙 원을 그리며 고루 뿌린다.

2

실온에 몇 분간 두었다가 비누가 굳기 시작하면 포일에서 떼어내 5~6조각으로 찢는다

3

색감을 살피면서 원하는 무늬로 포갠다. 비누를 양손으로 감싸서 둥글게 뭉치고, 부드러울 때 단단히 쥔다. 표면은 손가락으로 가볍게 다듬는다.

4

3을 내열 컵에 넣고, 녹인 ⓓ를 위에 끼얹는다. 주걱으로 굴리면서 굳기 시작한 비누를 듬성듬성 코팅해 울퉁불퉁한 느낌을 낸다.

5

비누가 완전히 굳으면 거친 부분을 남기면서 평평한 면도 생기도록 칼을 비스듬히 대고 군데군데 잘라낸다.

6

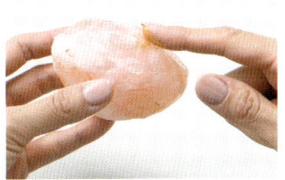

색감이 고루 분포되었는지 확인하며, 손가락으로 마이카 색소 골든 스파클을 표면에 묻힌다.

마블(울퉁불퉁) 응용

가닛
Garnet

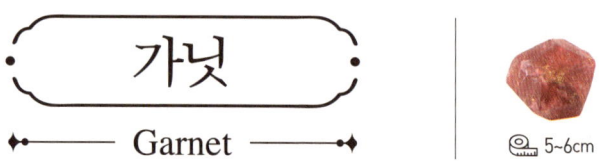

5~6cm

1월의 탄생석.
우리말로는 석류석이라고 합니다.
순수한 사랑을 지키는 힘을 주며,
순산을 기원하는 보석으로 간직하기도 합니다.

Ingredients

Basic
- ○ MP비누 150g
- ○ 좋아하는 향료 30방울

Color
- ○ 와인 레드(컬러젤 cj-06)
- ○ 레몬 옐로(컬러젤 cj-08)
- ○ 카시스 그레이프(컬러젤 cj-21)
- ○ 골든 스파클(마이카 ma-13)

Ready

※ 자세한 제작법은 40~43쪽 모스 아게이트 참조

- 트레이에 종이 포일을 깐다.
- MP비누 150g을 녹이고 향료를 30방울 넣는다.
- 녹인 MP비누를 오른쪽 분량대로 종이컵에 나누어 담고, ⓐ에는 색소를 넣어서 주걱으로 잘 섞는다.

ⓐ MP비누 100g + 와인 레드 1방울 + 레몬 옐로 1방울 + 카시스 그레이프 소량

ⓑ MP비누 50g

1
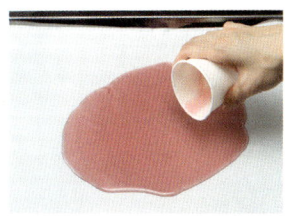

준비해둔 종이 포일 위에 ⓐ를 붓는다.

2

표면이 굳기 전에 ⓑ를 빙빙 원을 그리며 고루 뿌린다. 비누가 굳기 시작하면 포일에서 떼어내 5~6조각으로 찢는다.

3

색감을 살피면서 원하는 무늬로 포갠다. 비누를 양손으로 감싸서 둥글게 뭉치고, 부드러울 때 단단히 쥔다. 표면은 손가락으로 가볍게 다듬는다.

4

비누가 완전히 굳으면 칼로 반을 자른다.

5

단면이 많이 생기도록 칼을 비스듬히 대고 표면을 잘라낸다.

6

색감이 고루 분포되었는지 확인하며, 손가락으로 마이카 색소 골든 스파클을 표면에 묻힌다.

블루 레이스 아게이트
Blue lace agate

레이어드(층) **기본**

일과 휴식의 균형을 잡지 못하는 사람에게 유용해요.
날카로워진 감정과 마음을 가다듬고 치유해주는 보석입니다.
좋은 인간관계를 유지하는 힘도 있어요.

⏱ 40min 📏 4~8cm

Ingredients

Basic
○ MP비누 180g
○ 좋아하는 향료 36방울

Color
○ 화이트(컬러젤 cj-23) 또는 티타늄디옥사이드(극소량의 물에 녹인다)
○ 로열 퍼플(컬러젤 cj-19)
○ 카시스 그레이프(컬러젤 cj-21)
○ 블루벨(마이카 ma-27)
○ 다이아몬드 펄(마이카 ma-01)

틀 만들기

1. 21cm 크기의 정사각형으로 자른 종이 포일의 한쪽을 4cm 안으로 접는다.

2. 남은 세 변도 같은 방법으로 접는다.

3. 다시 펼쳐서 삼각형으로 접었다 펼친다. 방향을 바꿔 삼각형으로 접었다 펼쳐 양쪽에 대각선으로 표시선을 만든다.

4. 표시선을 따라서 테두리를 수직으로 세운다.

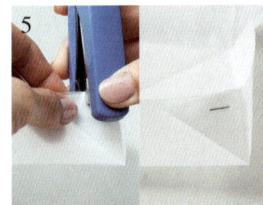

5. 귀퉁이에 생긴 삼각형을 한쪽으로 꺾은 다음 스테이플러로 단단히 고정한다.

6. 같은 방법으로 나머지 세 귀퉁이도 스테이플러로 고정하면 4cm 깊이의 상자가 완성된다.

Ready

비누에 향료를 넣는다. MP비누 180g을 녹이고(12쪽 참조) 향료를 36방울 넣는다.

녹인 MP비누 중 30g을 종이컵에 따로 담고 다이아몬드 펄 1/2작은술을 넣어 주걱으로 잘 섞는다(ⓔ). 남은 150g에 화이트 8방울을 넣고 섞는다. 이를 다시 오른쪽 분량대로 종이컵에 나누어 담고, 각각 색소를 넣어서 잘 섞는다.

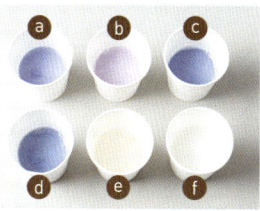

ⓐ 화이트 섞은 MP비누 30g+로열 퍼플 1방울+카시스 그레이프 소량
ⓑ 화이트 섞은 MP비누 30g+로열 퍼플 1방울
ⓒ 화이트 섞은 MP비누 30g+로열 퍼플 1방울+카시스 그레이프 소량
ⓓ 화이트 섞은 MP비누 30g+블루벨 1/2작은술
ⓔ MP비누 30g+다이아몬드 펄 1/2작은술
ⓕ 화이트 섞은 MP비누 30g

1

비누가 굳었다면 전자레인지로 다시 가열해서 약 65℃로 데운다.

POINT 온도가 낮으면 틀에 넣었을 때 고루 퍼지지 않으므로 반드시 주르륵 흐를 정도(약 65℃)로 만든다.

2

종이 포일로 만든 틀에 1층이 될 ⓐ를 붓는다.

3

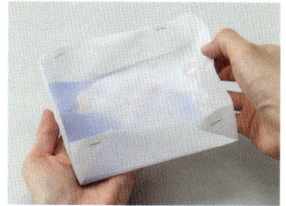

틀을 기울여서 재빨리 고루 평평하게 퍼뜨리고, 에탄올(15쪽)을 뿌린다.

POINT 층마다 에탄올을 뿌리면 기포가 생기지 않아서 깔끔하게 만들 수 있다.

4

실온에 몇 분간 두었다가 손가락으로 만져서 묻어나지 않을 정도로 굳었는지 확인한다.

POINT 너무 굳으면 층이 분리되므로 굳자마자 바로 다음 층이 되는 비누를 붓는다.

5

2층이 되는 ⓑ를 붓는다.

POINT 너무 뜨거우면 아래층이 녹을 수 있으므로 비누를 부을 때마다 온도가 약 65℃인지 확인한다.

6

틀을 기울여서 재빨리 고루 평평하게 퍼뜨리고 에탄올을 뿌린다.

7	8	9

실온에 몇 분간 두었다가 굳으면 3층이 되는 ⓒ를 붓는다.	틀을 기울이며 재빨리 평평하게 퍼뜨리고 에탄올을 분무한다.	실온에 몇 분간 두었다가 굳으면 4층이 되는 ⓓ를 붓는다.

10	11	12

틀을 기울이며 재빨리 평평하게 퍼뜨리고 에탄올을 분무한다.	실온에 몇 분간 두었다가 굳으면 5층이 되는 ⓔ를 붓는다.	틀을 기울이며 다시 평평하게 퍼뜨리고 에탄올을 분무한다.

13	14	15
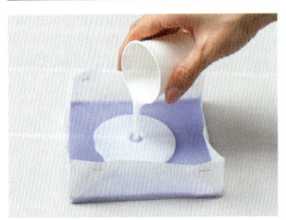		
실온에 몇 분간 두었다가 굳으면 6층이 되는 ⓕ를 붓는다.	틀을 기울이며 다시 평평하게 퍼뜨리고 에탄올을 분무한다.	실온에 몇 분간 두었다가 굳으면 부드러울 때 틀에서 떼어낸다.

16

커팅 보드에 올리고 세로로 반을 자른다.

POINT 비누가 너무 굳으면 성형하기 어려우므로 16부터 20과정은 재빨리 작업한다.

17

다시 가로로 반을 잘라 4등분으로 만든다.

18

층의 색 배열이 불규칙하도록 4장을 겹친다.

19

비누를 양 손바닥으로 꾹 눌러서 밀착시킨다.

POINT 손바닥 전체에 압력을 가하며 세게 눌러준다.

20
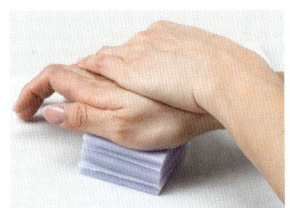
힘이 약한 어린이라면 비누를 종이 포일 위에 올리고 양손을 포개서 체중을 실어 눌러준다.

21

비누가 완전히 굳으면 커팅 보드에 올린다. 칼을 비스듬히 대고 원하는 형태로 잘라낸다.

POINT 잘라내기 전에 랩으로 감싸서 10분 정도 냉동실에서 차갑게 굳히면 살 살린다. 다만 너무 차가우면 층이 분리되므로 조심한다.

22

각 층의 경계가 잘 보이도록 깎는다.

23

볼에 미지근한 물을 담고, 비누를 넣어서 표면이 매끈매끈하게 손으로 문질러 씻는다.

24

물에서 조심히 건져내서 키친타월 위에 놓고 잘 말린다.

레이어드(층) 응용

호안석
Tiger's eye

 4~7cm

10월의 탄생석.
예로부터 금전운을 가져다주는 보석으로 알려져 있습니다.
새로운 일에 도전하는 사람을 응원하고, 소원을 이루어주는 힘도 있어요.

Ingredients

Basic
○ MP비누 180g
○ 좋아하는 향료 36방울

Color
○ 골든 스파클(마이카 ma-13)
○ 다크 브라운(마이카 ma-08)
○ 브론즈(마이카 ma-11)
○ 레드 클레이(극소량의 물에 녹인다)
○ 옐로 클레이(극소량의 물에 녹인다)

Ready

※ 자세한 제작법은 52~57쪽 블루 레이스아게이트를 참조
- 종이 포일로 틀을 만든다(54쪽 참조).
- MP비누 180g을 녹이고 향료를 36방울 넣는다. 녹인 MP비누를 오른쪽 분량대로 종이컵에 나누어 담고, 각각 색소를 넣어서 주걱으로 잘 섞는다.

ⓐ MP비누 30g+골든 스파클 1/2작은술
ⓑ MP비누 30g+다크 브라운 1/2작은술
ⓒ MP비누 30g+골든 스파클 1/2작은술
ⓓ MP비누 30g+브론즈 1/2작은술
ⓔ MP비누 30g+레드 클레이 1/2작은술
ⓕ MP비누 30g+옐로 클레이 1/2작은술

1

종이 포일로 만든 틀에 1층이 되는 ⓐ(약 65℃)를 붓는다.

2

틀을 기울이며 재빨리 평평하게 퍼뜨리고 에탄올을 분무한다. 실온에 몇 분간 두었다가 손가락으로 만졌을 때 묻어나지 않을 정도로 굳었는지 확인한다.

3

2층이 되는 ⓑ, 3층이 되는 ⓒ, 4층이 되는 ⓓ, 5층이 되는 ⓔ, 6층이 되는 ⓕ도 65℃인지 확인하면서 같은 방법으로 차례로 붓는다.

4

비누가 굳으면 부드러울 때 틀에서 꺼내고, 칼로 4등분한다. 층의 색 배열이 불규칙하도록 4장을 겹친다.

5

양 손바닥으로 꾹 눌러서 밀착시킨다. 완전히 굳으면 원하는 크기로 자른다.

6

각 층의 그러데이션이 예쁘게 보이도록 칼을 비스듬히 대고 원하는 형태로 잘라낸다. 미지근한 물에서 잘 씻어내고 키친타월 위에서 말린다.

레이어드(층) 응용

사도닉스
Sardonyx

 6cm

8월의 탄생석.
나쁜 기운을 물리치고 행복을 가져다주는 보석입니다.
결혼운을 좋게 하고 부부의 행복을 지켜줍니다.

Ingredients

Basic
○ MP비누 180g
○ 좋아하는 향료 36방울

Color
○ 오렌지(컬러젤 cj-07)
○ 파프리카 레드(컬러젤 cj-14)
○ 발렌시아(컬러젤 cj-15)
○ 골든 플레이크(글리터 gl-23)
○ 미모사 옐로(컬러젤 cj-16)
○ 화이트(컬러젤 cj-23) 또는 티타늄 디옥사이드(극소량의 물에 녹인다)

Ready

※ 자세한 제작법은 52~57쪽 블루 레이스아게이트를 참조
- 종이 포일로 틀을 만든다(54쪽 참조).
- MP비누 180g을 녹이고 향료를 36방울 넣는다. 녹인 MP비누를 오른쪽 분량대로 종이컵에 나누어 담고, 각각 색소를 넣어서 주걱으로 잘 섞는다.

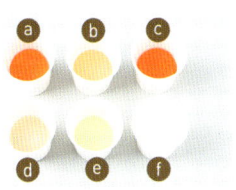

ⓐ MP비누 30g+오렌지 1방울+파프리카 레드 소량
ⓑ MP비누 30g+발렌시아 1방울
ⓒ MP비누 30g+오렌지 1방울+파프리카 레드 소량
ⓓ MP비누 30g+골든 플레이크 1/2작은술
ⓔ MP비누 30g+미모사 옐로 1방울
ⓕ MP비누 30g+화이트 1방울

1

종이 포일로 만든 틀에 1층이 되는 ⓐ를 붓는다.

2

틀을 기울이며 재빨리 평평하게 퍼뜨리고 에탄올을 분무한다. 실온에 몇 분간 두었다가 손가락으로 만졌을 때 묻어나지 않을 정도로 굳었는지 확인한다.

3

2층이 되는 ⓑ, 3층이 되는 ⓒ, 4층이 되는 ⓓ, 5층이 되는 ⓔ, 6층이 되는 ⓕ도 65℃인지 확인하면서 같은 방법으로 차례로 붓는다.

4

비누가 굳으면 부드러울 때 틀에서 꺼내고, 칼로 4등분한다. 층의 색 배열이 불규칙하도록 4장을 겹친다.

5

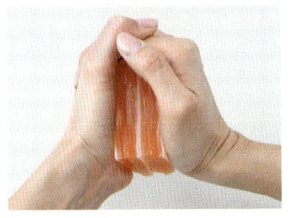

비누를 양 손바닥으로 꾹 눌러서 밀착시킨다.

6

각 층의 그러데이션이 예쁘게 보이도록 칼을 비스듬히 대고 원하는 형태로 잘라낸다. 미지근한 물에서 잘 씻어내고 키친타월 위에서 말린다.

아주르말라카이트
Azurmalachite

레이어드(소용돌이) **기본**

아주르라이트와 말라카이트가 섞인 보석입니다.
현재 상황에서 벗어나고 싶을 때 힘을 발휘하므로,
원래의 모습에서 탈피하여 새롭게 살고 싶은 사람에게 추천합니다.

⏱ 40 min   📏 8cm

Ingredients

Basic
○ MP비누 180g
○ 좋아하는 향료 36방울

Color
○ 슈퍼 블루(마이카 ma-20)
○ 터키 블루(마이카 ma-49)
○ 세도나 그린(마이카 ma-50)
○ 다크 그린(마이카 ma-02)

Ready

종이 포일로 틀을 만든다(54쪽 참조).

MP비누 180g을 녹이고(12쪽 참조) 향료를 36방울 넣는다.

Ready

녹인 MP비누를 아래의 분량대로 종이컵에 나누어 담고, 각각 색소를 넣어서 주걱으로 잘 섞는다.

ⓐ MP비누 30g + 슈퍼 블루 1/2작은술
ⓑ MP비누 30g + 터키 블루 1/2작은술
ⓒ MP비누 30g + 슈퍼 블루 1/2작은술
ⓓ MP비누 30g + 세도나 그린 1/2작은술
ⓔ MP비누 30g + 다크 그린 1/2작은술
ⓕ MP비누 30g + 슈퍼 블루 1/2작은술

1

종이 포일로 만든 틀에 1층이 되는 ⓐ를 붓는다. 이때 비누가 굳었으면 전자레인지로 다시 가열해서 녹인다.

POINT 온도가 낮으면 틀에 넣었을 때 고루 퍼지지 않으므로 반드시 주르륵 흐르는 정도(약 65℃)로 만든다.

2

틀을 기울이며 재빨리 고루 퍼뜨리고 에탄올(15쪽 참조)을 분무한다.

POINT 한 층마다 에탄올을 분무하면 기포가 생기지 않아 깔끔하게 완성된다.

3

실온에 몇 분간 두고, 손가락으로 만졌을 때 묻어나지 않을 정도로 굳었는지 확인한다.

POINT 너무 차갑게 굳으면 층이 분리되므로 굳자마자 바로 다음 층이 되는 비누를 붓는다.

4

2층이 되는 ⓑ를 붓고, 틀을 기울이며 재빨리 평평하게 퍼뜨린다. 에탄올을 분무하고 실온에 몇 분간 두어서 굳힌다.

POINT 온도가 너무 높으면 아래층이 녹으므로 비누를 부을 때마다 온도가 약 65℃인지 확인한다.

5

3층이 되는 ⓒ를 붓고, 틀을 기울이며 재빨리 평평하게 퍼뜨린다. 에탄올을 분무하고 실온에 몇 분간 두어서 굳힌다.

6

4층이 되는 ⓓ를 붓고, 틀을 기울이며 재빨리 평평하게 퍼뜨린다. 에탄올을 분무하고 실온에 몇 분간 두어서 굳힌다.

7

5층이 되는 ⓔ를 붓고, 틀을 기울이며 재빨리 평평하게 퍼뜨린다. 에탄올을 분무하고 실온에 몇 분간 두어서 굳힌다.

8

6층이 되는 ⓕ를 붓고, 틀을 기울이며 재빨리 평평하게 퍼뜨린다. 에탄올을 분무하고 실온에 몇 분간 두어서 굳힌다.

9

비누가 부드러울 때 틀에서 떼서 꺼낸다.

POINT 비누가 차갑게 굳으면 성형하기 어려우므로 9부터 11은 빠르게 작업한다.

10

비누를 종이 포일 위에 올리고 가장자리부터 돌돌 말아서 봉 모양으로 만든다.

11

비틀어 접고 양 손바닥으로 꽉 쥐어 공 모양을 만든다.

12

완전히 굳으면 커팅 보드에 올린다. 그러데이션과 소용돌이 모양이 예쁘게 보이도록 칼을 비스듬히 대고 표면을 잘라낸다.

POINT 잘라내기 전에 랩으로 감싸서 10분 정도 냉동실에서 차갑게 굳히면 잘 잘린다.

13

볼에 미지근한 물을 담고, 비누를 넣어서 표면이 매끈매끈해지게 손으로 문질러 씻는다.

14

물에서 조심히 건져내서 키친타월 위에 놓고 잘 말린다.

레이어드(소용돌이) 응용

잉카 로즈

Inca rose

 7cm

7월의 탄생석.
과거의 연애에서 상처받은 사람을 치유해주고,
다시 새로운 연애를 시작할 용기를 주는 보석입니다.
장밋빛 인생이 펼쳐지게 해줘요.

Ingredients

Basic
- MP비누 180g
- 좋아하는 향료 36방울

Color
- 펄 핑크(컬러젤 cj-10)
- 핑크 오팔(마이카 ma-26)
- 골든 스파클(마이카 ma-13)
- 새먼 핑크(마이카 ma-24)
- 화이트 스파클(마이카 ma-18)

Ready

※ 자세한 제작법은 62~65쪽 아주르말라카이트 참조
- 종이 포일로 틀을 만든다(54쪽 참조).
- MP비누 180g을 녹이고 향료를 36방울 넣는다. 녹인 MP비누를 오른쪽 분량대로 종이컵에 나누어 담고, 각각 색소를 넣어서 주걱으로 잘 섞는다.

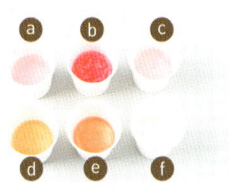

- ⓐ MP비누 30g+펄 핑크 1방울
- ⓑ MP비누 30g+핑크 오팔 1/2작은술
- ⓒ MP비누 30g+펄 핑크 1방울
- ⓓ MP비누 30g+골든 스파클 1/2작은술
- ⓔ MP비누 30g+새먼 핑크 1/2작은술
- ⓕ MP비누 30g+화이트 스파클 1/2작은술

1

종이 포일로 만든 틀에 1층이 되는 ⓐ를 붓고 틀을 기울이며 재빨리 평평하게 퍼뜨린다. 에탄올을 분무하고 실온에 몇 분간 두어서 굳힌다.

2

2층이 되는 ⓑ, 3층이 되는 ⓒ, 4층이 되는 ⓓ, 5층이 되는 ⓔ, 6층이 되는 ⓕ도 65℃인지 확인하면서 같은 방법으로 차례로 붓는다.

3

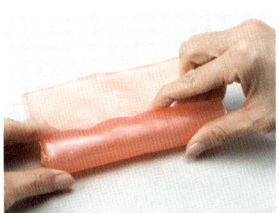

비누가 부드러울 때 틀에서 떼서 꺼내고, 종이 포일 위에 올린다. 가장자리부터 돌돌 말아서 봉 모양으로 만든다.

4

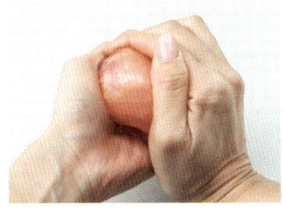

비틀어 접고 양 손바닥으로 꽉 쥐어 공 모양을 만든다.

5

완전히 굳으면 층의 그러데이션과 소용돌이 모양이 잘 보이도록 칼을 비스듬히 대고 표면을 잘라낸다.

6

미지근한 물에 비누를 넣어서 씻은 다음, 키친타월 위에 놓고 잘 말린다.

사파이어
Sapphire

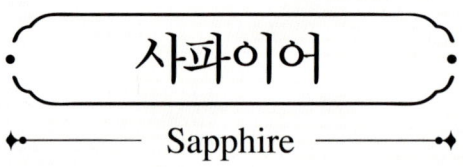

> 인클루전 **기본**

9월의 탄생석.
흔들리지 않는 강인함을 발휘하는 보석으로, 목표를 달성하기까지 힘을 실어줍니다.
카리스마와 승부운도 북돋워준답니다.

⏱ 40min 📏 4~6cm

Ingredients

Basic
○ MP비누 190g
○ 좋아하는 향료 38방울

Color
○ 슈퍼 블루(마이카 ma-20)
○ 사파이어 블루(컬러젤 cj-18)
○ 화이트 스파클(마이카 ma-18)
○ 샤인 실버(마이카 ma-57)
○ 카시스 그레이프(컬러젤 cj-21)

Ready

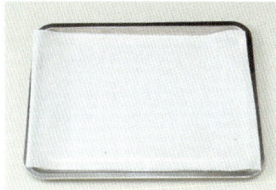

트레이에 종이 포일을 깐다.

내열 용기(200㎖)를 준비한다. 이 책에서는 가로세로 7×7cm, 깊이 4.5cm 제품을 사용했다.

MP비누 190g을 녹이고(12쪽 참조) 향료를 38방울 넣는다.

Ready

녹인 MP비누를 아래의 분량대로 종이컵에 나누어 담고, 각각 색소를 넣어서 주걱으로 잘 섞는다.

- ⓐ MP비누 30g+슈퍼 블루 1/2작은술
- ⓑ MP비누 30g+사파이어 블루 2방울
- ⓒ MP비누 20g+화이트 스파클 1/2작은술
- ⓓ MP비누 30g+샤인 실버 1/2작은술
- ⓔ MP비누 80g+카시스 그레이프 1방울

1

준비해둔 종이 포일 위에 ⓐ와 ⓑ를 좌우로 동시에 붓는다. 실온에 몇 분간 두고, 비누가 굳기 시작하면 떼어낸다.

POINT 부을 때 비누가 굳어 있으면 반드시 주르륵 흐를 정도(65℃ 이상)가 될 때까지 전자레인지로 다시 가열해서 녹인다.

2

ⓔ 비누 시트를 찢어서 약 20g씩 3세트로 나눈다.

POINT 비누가 따뜻해야 부드러워서 성형이 잘 되므로 2부터 5 과정은 빠르게 작업한다.

3

1세트씩 한 덩어리가 되도록 손으로 꽉 쥐어서 블록 내용물을 만든다. 모양은 대강 잡아도 되지만 속에 구멍이 생기지 않도록 단단히 쥔다.

4

종이 포일 위에 블록 내용물 3개를 올리고 70℃ 이상의 ⓒ를 고루 뿌린다.

POINT 70℃ 이상의 뜨거운 비누를 뿌리면 블록 내용물이 녹으면서 서로 잘 붙는다.

5

성형이 가능할 정도로 굳으면 블록 내용물끼리 떼어내고, 각각 감싸서 쥔다.

6

종이 포일 위에 ⓓ를 붓고, 굳으면 떼서 4~5조각으로 찢는다.

7

내열 용기에 블록 내용물과 6에서 찢은 조각을 교대로 균형 있게 배치한다.

POINT 찢은 조각은 용기 바닥과 옆면에도 채워넣는다.

8

70℃ 이상의 ⓔ를 붓는다.

POINT 비누의 온도가 낮으면 나중에 자를 때 깨지거나 속에 구멍이 생기므로 반드시 70℃ 이상이어야 한다.

9

주걱이나 나무젓가락으로 블록 내용물을 들어 올리면서 구석구석까지 비누를 퍼뜨린다. 기포가 떠오르면 에탄올을 분무한다.

10

완전히 굳으면 비누 둘레에 칼을 찔러 넣고 한 바퀴 돌려가며 밀어낸다.

POINT 한 김 식힌 뒤 냉동실에 20~30분간 넣어두면 빨리 굳는다.

11

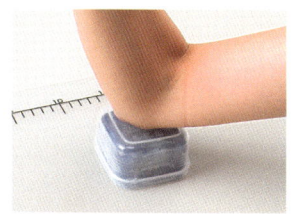

커팅보드 위에 용기를 뒤집어 놓고 바닥을 팔꿈치로 눌러서 비누를 꺼낸다.

12

칼로 원하는 크기대로 자른다.

13

단면에서 색의 조화가 잘 보이도록 칼을 비스듬히 대고 표면을 잘라낸다.

14

둥글게 성형하고 싶다면 미지근한 물에 비누를 넣어서 문질러 씻은 다음, 키친타월 위에 놓고 잘 말린다.

인클루전 **응용**

루비
Ruby

4~6cm

7월의 탄생석.
예로부터 승리를 부르는 보석, 강한 카리스마를 발휘하게 하는 보석으로 알려져 있습니다.
화려하고 관능적인 매력을 발산하게 합니다.

Ingredients

Basic
- ○ MP비누 190g
- ○ 좋아하는 향료 38방울

Color
- ○ 레드(마이카 ma-07)
- ○ 스노 화이트(글리터 gl-01)
- ○ 골든 스파클(마이카 ma-13)
- ○ 와인 레드(컬러젤 cj-06)
- ○ 레몬 옐로(컬러젤 cj-08)

Ready

※ 자세한 제작법은 68~71쪽 사파이어 참조

- 트레이에 종이 포일을 깐다.
- 내열 용기(200㎖)를 준비한다.
- MP비누 190g을 녹이고 향료를 38방울 넣는다.
- 녹인 MP비누를 오른쪽 분량대로 종이컵에 나누어 담고, 각각 색소를 넣어서 주걱으로 잘 섞는다.

- ⓐ MP비누 60g+레드 1/2작은술
- ⓑ MP비누 20g+스노 화이트 1/2작은술
- ⓒ MP비누 30g+골든 스파클 1/2작은술
- ⓓ MP비누 80g+와인 레드 1방울+레몬 옐로 1방울

1

준비해둔 종이 포일 위에 ⓐ를 붓고, 굳기 시작하면 떼서 적당한 크기로 찢는다. 약 20g씩 3세트로 나누고, 각각 손으로 꽉 쥐어서 블록 내용물을 만든다.

2

블록 내용물 3개 위에 70℃ 이상의 ⓑ를 고루 뿌린다.

3

굳으면 블록 내용물째 3등분으로 찢어서 떼고, 각각 감싸서 쥔다.

4

종이 포일 위에 ⓒ를 붓고, 굳으면 떼서 4~5조각으로 찢는다.

5

내열 용기에 블록 내용물과 찢은 조각을 교대로 균형 있게 배치한다.

6

70℃ 이상의 ⓓ를 붓는다. 주걱으로 블록 내용물을 들어 올리면서 구석구석까지 비누를 퍼뜨리고, 기포가 떠오르면 에탄올을 분무한다. 71쪽 10부터 14까지의 과정으로 마무리한다.

> 인클루전 응용

블루 문스톤
◆―― Blue moonstone ――◆

5~7cm

6월의 탄생석.
예로부터 달의 힘이 깃들었다고 여깁니다.
인연이 있는 남녀를 이어주고,
인간관계를 원만히 유지하도록 도와줍니다.

Ingredients

Basic
- MP비누 190g
- 좋아하는 향료 38방울

Color
- 블루벨(마이카 ma-27)
- 로열 블루(컬러젤 cj-19)
- 다이아몬드 펄(마이카 ma-01)

Ready

※ 자세한 제작법은 68~71쪽 사파이어 참조
- 트레이에 종이 포일을 깐다.
- 내열 용기(200㎖)를 준비한다.
- MP비누 190g을 녹이고 향료를 38방울 넣는다.
- 녹인 MP비누를 오른쪽 분량대로 종이컵에 나누어 담고, 각각 색소를 넣어서 주걱으로 잘 섞는다.

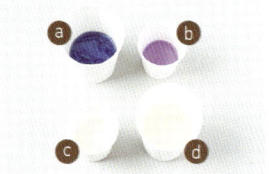

- ⓐ MP비누 60g+블루벨 1/2작은술
- ⓑ MP비누 20g+로열 블루 1방울
- ⓒ MP비누 30g+다이아몬드 펄 1/2작은술
- ⓓ MP비누 80g

1

준비해둔 종이 포일 위에 ⓐ를 붓고, 굳기 시작하면 떼서 적당한 크기로 찢는다. 약 20g씩 3세트로 나누고, 각각 손으로 꽉 쥐어서 블록 내용물을 만든다.

2

블록 내용물 3개 위에 70℃ 이상의 ⓑ를 고루 뿌린다.

3

굳으면 블록 내용물째 3등분으로 찢어서 떼고, 각각 감싸서 쥔다.

4

종이 포일 위에 ⓒ를 붓고, 굳으면 떼서 4~5조각으로 찢는다.

5

내열 용기에 블록 내용물과 4에서 찢은 조각을 교대로 균형 있게 배치한다.

6

70℃ 이상의 ⓓ를 붓는다. 주걱으로 블록 내용물을 들어 올리면서 구석구석까지 비누를 퍼뜨리고, 기포가 떠오르면 에탄올을 분무한다. 71쪽 10부터 14과정으로 마무리한다.

> 인클루전 응용

워터멜론 투르말린
✦ Watermelon tourmaline ✦

 6~7cm

10월의 탄생석.
불안감과 스트레스를 없애주는 힘을 지니고 있습니다.
마음에 안정을 주고 기분을 좋게 하는 보석입니다.

Ingredients

Basic
- ○ MP비누 190g
- ○ 좋아하는 향료 38방울

Color
- ○ 파프리카 레드(컬러젤 cj-14)
- ○ 골든 플레이크(글리터 gl-23)
- ○ 그래스 그린(컬러젤 cj-17)
- ○ 에메랄드(컬러젤 cj-12)

Ready

※ 자세한 제작법은 68~71쪽 사파이어 참조

- 트레이에 종이 포일을 깐다.
- 내열 용기(200㎖)를 준비한다.
- MP비누 190g을 녹이고 향료를 38방울 넣는다.
- 녹인 MP비누를 오른쪽 분량대로 종이컵에 나누어 담고, 각각 색소를 넣어서 주걱으로 잘 섞는다.

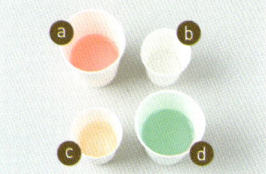

- ⓐ MP비누 60g+파프리카 레드 소량
- ⓑ MP비누 20g
- ⓒ MP비누 30g+골든 플레이크 1/2작은술
- ⓓ MP비누 80g+그래스 그린 1방울+에메랄드 소량

1

준비해둔 종이 포일 위에 ⓐ를 붓고, 굳기 시작하면 떼서 적당한 크기로 찢는다. 약 20g씩 3세트로 나누고, 각각 손으로 꽉 쥐어서 블록 내용물을 만든다.

2

블록 내용물 3개 위에 70℃ 이상의 ⓑ를 고루 뿌린다.

3

굳으면 블록 내용물째 3등분으로 찢어서 떼고, 각각 감싸서 쥔다.

4

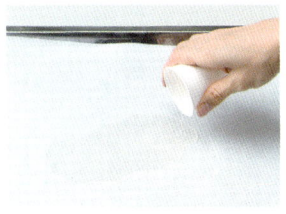

종이 포일 위에 ⓒ를 붓고, 굳으면 떼서 4~5조각으로 찢는다.

5

내열 용기에 블록 내용물과 4에서 찢은 조각을 교대로 균형 있게 배치한다.

6

70℃ 이상의 ⓓ를 붓는다. 주걱으로 블록 내용물을 들어 올리면서 구석구석까지 비누를 퍼뜨리고, 기포가 떠오르면 에탄올을 분무한다. 71쪽 10부터 14과정으로 마무리한다.

 인클루전 응용

터키석
Turquoise

 5~6cm

12월의 탄생석.
위험으로부터 보호해주는 수호석으로 효과가 있습니다.
용기와 추진력을 가져다줘서 원하는 바를 이룰 수 있게 도와줍니다.

Ingredients

Basic
- ○ MP비누 190g
- ○ 좋아하는 향료 38방울

Color
- ○ 화이트(컬러젤 cj-23) 또는 티타늄 디옥사이드(극소량의 물에 녹인다)
- ○ 터키 블루(마이카 ma-49)
- ○ 앤티크 골드(마이카 ma-59)

Ready

※ 자세한 제작법은 68~71쪽 사파이어 참조

- 트레이에 종이 포일을 깐다.
- 내열 용기(200㎖)를 준비한다.
- MP비누 190g을 녹이고 향료를 38방울 넣는다.
- 녹인 MP비누를 오른쪽 분량대로 종이컵에 나누어 담고, 각각 색소를 넣어서 주걱으로 잘 섞는다.

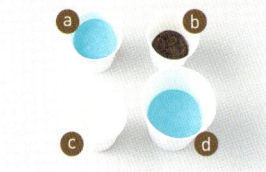

- ⓐ MP비누 60g+화이트 3방울+터키 블루 1작은술
- ⓑ MP비누 20g+앤티크 골드 1/2작은술
- ⓒ MP비누 30g+화이트 2방울
- ⓓ MP비누 80g+화이트 4방울+터키 블루 1작은술

1

준비해둔 종이 포일 위에 ⓐ를 붓고, 굳기 시작하면 떼서 적당한 크기로 찢는다. 약 20g씩 3세트로 나누고, 각각 손으로 꽉 쥐어서 블록 내용물을 만든다.

2

블록 내용물 3개 위에 70℃ 이상의 ⓑ를 고루 뿌린다.

3

굳으면 블록 내용물째 3등분으로 찢어서 떼고, 각각 감싸서 쥔다.

4

블록 내용물을 칼로 각각 반으로 자른다.

5

종이 포일 위에 ⓒ를 붓고, 굳으면 떼서 4~5조각으로 찢는다. 내열 용기에 4와 찢은 조각을 교대로 균형 있게 배치한다.

6

70℃ 이상의 ⓓ를 붓는다. 주걱으로 블록 내용물을 들어 올리면서 구석구석까지 비누를 퍼뜨리고, 기포가 떠오르면 에탄올을 분무한다. 71쪽 10부터 14과정으로 마무리한다.

< 인클루전 응용 >

오닉스
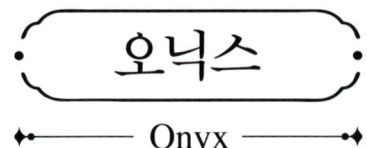
Onyx

4~6cm

8월의 탄생석.
나쁜 기운을 물리치는 힘이 강해서
마음속에 있는 패배감을 극복하고
목표를 이룰 수 있게 도와주는 보석입니다.

Ingredients

Basic
- ○ MP비누 190g
- ○ 좋아하는 향료 38방울

Color
- ○ 펄 블루(컬러젤 cj-09)
- ○ 펄 핑크(컬러젤 cj-10)
- ○ 크리스털 믹스(글리터 gl-21)
- ○ 골든 스파클(마이카 ma-13)
- ○ 블랙(컬러젤 cj-22) 또는 대나무 숯

Ready

※ 자세한 제작법은 68~71쪽 사파이어 참조

- 트레이에 종이 포일을 깐다.
- 내열 용기(200㎖)를 준비한다.
- MP비누 190g을 녹이고 향료를 38방울 넣는다.
- 녹인 MP비누를 오른쪽 분량대로 종이컵에 나누어 담고, 각각 색소를 넣어서 주걱으로 잘 섞는다.

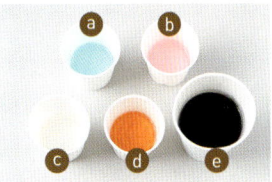

- ⓐ MP비누 20g+펄 블루 1방울
- ⓑ MP비누 20g+펄 핑크 1방울
- ⓒ MP비누 20g+크리스털 믹스 1/2작은술
- ⓓ MP비누 30g+골든 스파클 1/2작은술
- ⓔ MP비누 100g+블랙 5방울

1

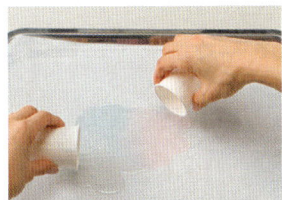

준비해둔 종이 포일 위에 ⓐ, ⓑ, ⓒ를 세 방향에서 붓는다.

2

굳기 시작하면 떼서 적당한 크기로 찢는다. 약 20g씩 3세트로 나누고, 각각 손으로 꼭 쥐어서 블록 내용물을 만든다.

3

블록 내용물 3개 위에 70℃ 이상의 ⓓ를 고루 뿌린다.

4

굳으면 블록 내용물째 3등분으로 찢어서 떼고, 각각 감싸서 쥔다.

5

내열 용기에 블록 내용물 3개를 넣고 70℃ 이상의 ⓔ를 붓는다.

6

주걱으로 블록 내용물을 들어 올리면서 구석구석까지 비누를 퍼뜨리고, 기포가 떠오르면 에탄올을 분무한다. 71쪽 10부터 14 과정으로 마무리한다.

에메랄드
Emerald

크랙 기본

5월의 탄생석.
예로부터 뛰어난 지혜를 발휘하는 보석으로 알려져 있습니다.
사랑의 힘이 강해서 연애나 행복한 결혼을 기원하는 보석으로도 인기가 있습니다.

⏱ 40min 📏 5~7cm

Ingredients

Basic
○ MP비누 200g
○ 좋아하는 향료 34방울

Color
○ 트루 실버(글리터 gl-10)
○ 그래스 그린(컬러젤 cj-17)
○ 에메랄드(컬러젤 cj-12)
○ 마린 블루(컬러젤 cj-11)
○ 카시스 그레이프(컬러젤 cj-21)
○ 골든 스파클(마이카 ma-13)

Ready

플라스틱 컵이 들어갈 만한 크기의 보관 용기나 작은 접시에, 컵을 기울여둘 수 있도록 둥글게 뭉친 랩을 넣는다.

MP비누 30g을 잘게 잘라서 크래시 비누를 만들고 10g씩 3세트로 나눠둔다.

MP비누 170g을 녹이고(12쪽 참조) 향료를 34방울 넣는다.

Ready

녹인 MP비누를 아래의 분량대로 종이컵에 나누어 담고, 각각 색소를 넣어서 주걱으로 잘 섞는다.

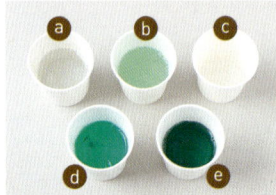

- ⓐ MP비누 40g + 트루 실버 1/2작은술
- ⓑ MP비누 40g + 그래스 그린 1방울
- ⓒ MP비누 10g
- ⓓ MP비누 40g + 에메랄드 1방울 + 마린 블루 소량
- ⓔ MP비누 40g + 에메랄드 1방울 + 카시스 그레이프 소량

1

플라스틱 컵에 크래시 비누 10g을 넣고 약 65℃의 ⓐ를 붓는다.

POINT 붓는 비누는 약 65℃(종이컵을 잡았을 때 약간 뜨겁게 느껴질 정도)로 데운다. 비누가 완전히 굳어 있으면 전자레인지로 다시 가열해서 녹인다.

2

표면이 굳으면 주걱을 찔러 넣으며 섞는다.

3

준비해둔 용기에 컵을 비스듬히 기울여서 놓는다.

4

표면이 굳으면 두 번째 크래시 비누 10g을 넣는다.

5

약 65℃로 데운 ⓑ를 붓는다. 기포가 생기면 그때마다 에탄올(15쪽 참조)을 분무한다.

6

주걱으로 1층 비누와의 경계를 고루 찔러서 어우러지게 한다.

POINT 비누가 따뜻할 때 1~2cm 깊이까지 찔러주면 자를 때 잘 깨지지 않는다.

7

용기에 컵을 비스듬히 기울여서 놓는다.

8

표면이 굳으면 마이카 색소 골든 스파클을 나무 꼬치로 떠서 표면에 흩뿌린다.

9

약 65℃의 ⓒ를 붓고 컵을 한 번 돌린 다음, 세 번째 크래시 비누 10g을 넣는다.

10

약 65℃의 ⓓ를 붓고, 2층 비누와의 경계를 주걱으로 고루 찔러 넣으며 어우러지게 한다.

11

용기에 컵을 비스듬히 기울여서 놓는다.

12

손가락으로 만져도 비누액이 묻어 나지 않을 정도로 굳으면 컵을 똑바로 세운다. 약 65℃의 ⓔ를 붓고, 경계를 고루 찔러 어우러지게 한다.

13

완전히 굳으면 컵을 뒤집어서 양 손바닥으로 옆면을 누른다. 커팅 보드 위에 컵을 뒤집어서 놓고 바닥을 팔꿈치로 눌러서 비누를 꺼낸다.

POINT 한 김 식힌 뒤 냉동실에 20~30분간 넣어두면 빨리 굳는다. 다만 너무 차가우면 층이 분리될 수 있으므로 조심해야 한다.

14

원하는 크기로 자르고, 단면이 많이 생기도록 칼을 비스듬히 눕혀서 표면을 잘라낸다. 취향에 따라 미지근한 물에 비누를 넣어서 문질러 씻은 다음(22쪽 참조), 키친타월 위에 놓고 잘 말린다.

> 크랙 응용

자수정
— Amethyst —

 8cm

2월의 탄생석.
사랑의 수호석이라고 불리며, 연인이 생기게 도와줍니다.
또한 몸과 마음을 치유해주고 평온함을 가져다주어 숙면에도 도움이 된답니다.

Ingredients

Basic
- MP비누 200g
- 좋아하는 향료 34방울

Color
- 화이트 플레이크(글리터 gl-22)
- 로열 퍼플(컬러젤 cj-19)
- 애미시스트(마이카 ma-37)
- 블랙(컬러젤 cj-22) 또는 대나무 숯
- 골든 스파클(마이카 ma-13)

Ready

※ 자세한 제작법은 82~85쪽 에메랄드 참조

- 플라스틱 컵이 들어갈 만한 크기의 보관 용기나 작은 접시에 컵을 기울여둘 수 있도록 둥글게 뭉친 랩을 넣는다.
- MP비누 30g을 잘게 잘라서 크래시 비누를 만들고 삼등분한다.
- MP비누 170g을 녹이고 향료를 34방울 넣는다.
- 녹인 MP비누를 오른쪽 분량대로 종이컵에 나누어 담고, 각각 색소를 넣어서 주걱으로 잘 섞는다.

- ⓐ MP비누 40g+화이트 플레이크 1/2작은술
- ⓑ MP비누 40g+로열 퍼플 2방울
- ⓒ MP비누 10g
- ⓓ MP비누 40g+애미시스트 1/2작은술
- ⓔ MP비누 40g+로열 퍼플 4방울+블랙 소량

1

플라스틱 컵에 크래시 비누 10g을 넣고 약 65℃의 ⓐ를 붓는다. 주걱을 찔러 넣으며 섞은 다음, 준비해둔 용기에 컵을 비스듬히 기울여서 놓는다.

2

표면이 굳으면 두 번째 크래시 비누 10g을 넣고, 약 65℃의 ⓑ를 붓는다. 주걱으로 1층 비누와의 경계를 고루 찔러서 어우러지게 하고, 용기에 컵을 비스듬히 기울여서 놓는다.

3

표면이 굳으면 마이카 색소 골든 스파클을 나무 꼬치로 떠서 표면에 흩뿌린다.

4

약 65℃의 ⓒ를 붓고 컵을 한 번 돌린 다음, 세 번째 크래시 비누 10g을 넣는다.

5

약 65℃의 ⓓ를 붓고, 주걱으로 2층 비누와의 경계를 고루 찔러서 어우러지게 한다. 용기에 컵을 비스듬히 기울여서 놓는다.

6

굳으면 컵을 똑바로 세워서 약 65℃의 ⓔ를 붓고, 주걱으로 경계를 고루 찔러 어우러지게 한다. 완전히 굳으면 85쪽 13, 14 과정으로 마무리한다.

> 크랙 응용

임피리얼 토파즈
Imperial topaz

 6~8cm

11월의 탄생석.
우아한 기운이 가득한 보석입니다.
풍부한 감수성과 창의력을 가져다주고,
필요한 것을 손에 넣게 하는 힘도 지니고 있어요.

Ingredients

Basic
○ MP비누 200g
○ 좋아하는 향료 34방울

Color
○ 골든 플레이크(글리터 gl-23)
○ 미모사 옐로(컬러젤 cj-16)
○ 발렌시아(컬러젤 cj-15)
○ 마린 블루(컬러젤 cj-11)
○ 블랙(컬러젤 cj-22) 또는 대나무 숯
○ 골든 스파클(마이카 ma-13)

Ready

※ 자세한 제작법은 82~85쪽 에메랄드 참조

- 플라스틱 컵이 들어갈 만한 크기의 용기에 컵을 기울여둘 수 있도록 둥글게 뭉친 랩을 넣는다.
- MP비누 30g을 잘게 잘라서 크래시 비누를 만들고 삼등분한다.
- MP비누 170g을 녹이고 향료를 34방울 넣는다.
- 녹인 MP비누를 오른쪽의 분량대로 종이컵에 나누어 담고, 각각 색소를 넣어서 주걱으로 잘 섞는다.

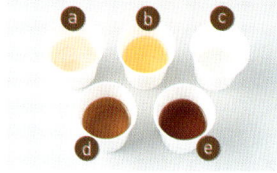

ⓐ MP비누 40g + 골든 플레이크 1/2작은술
ⓑ MP비누 40g + 미모사 옐로 1방울 + 발렌시아 1방울
ⓒ MP비누 10g
ⓓ MP비누 40g + 발렌시아 1방울 + 마린 블루 소량
ⓔ MP비누 40g + 발렌시아 1방울 + 블랙 소량

1

플라스틱 컵에 크래시 비누 10g을 넣고 약 65℃의 ⓐ를 붓는다. 주걱을 찔러 넣으며 섞은 다음, 준비해 둔 용기에 컵을 비스듬히 기울여서 놓는다.

2

표면이 굳으면 두 번째 크래시 비누 10g을 넣고, 약 65℃의 ⓑ를 붓는다. 주걱으로 1층 비누와의 경계를 고루 찔러서 어우러지게 하고, 용기에 컵을 비스듬히 기울여서 놓는다.

3

표면이 굳으면 마이카 색소 골든 스파클을 나무 꼬치로 떠서 표면에 흩뿌린다.

4

약 65℃의 ⓒ를 붓고 컵을 한 번 돌린 다음, 세 번째 크래시 비누 10g을 넣는다.

5

약 65℃의 ⓓ를 붓고, 주걱으로 2층 비누와의 경계를 고루 찔러 넣으며 어우러지게 한다. 용기에 컵을 비스듬히 기울여서 놓는다.

6

굳으면 컵을 똑바로 세워 약 65℃의 ⓔ를 붓고, 주걱으로 경계를 고루 찔러 어우러지게 한다. 완전히 굳으면 85쪽 13, 14 과정으로 마무리한다.

크랙 응용

플루오라이트
Fluorite

6~8cm

우리말로는 형석입니다.
현재 상황을 리셋하는 힘을 지니고 있으며, 문제 해결에 한몫하는 돌입니다.
기억력을 높이는 힘도 있어서 수험생에게 선물하기도 해요.

Ingredients

Basic
- MP비누 200g
- 좋아하는 향료 34방울

Color
- 에메랄드(컬러젤 cj-12)
- 블랙(컬러젤 cj-22) 또는 대나무 숯
- 그래스 그린(컬러젤 cj-17)
- 와인 레드(컬러젤 cj-06)
- 샤인 실버(마이카 ma-57)

Ready

※ 자세한 제작법은 82~85쪽 에메랄드 참조

- 플라스틱 컵이 들어갈 만한 크기의 용기에 컵을 기울여둘 수 있도록 둥글게 뭉친 랩을 넣는다.
- MP비누 30g을 잘게 잘라서 크래시 비누를 만들고 삼등분한다.
- MP비누 170g을 녹이고 향료를 34방울 넣는다.
- 녹인 MP비누를 오른쪽 분량대로 종이컵에 나누어 담고, 각각 색소를 넣어서 주걱으로 잘 섞는다.

ⓐ MP비누 40g + 에메랄드 소량 + 블랙 소량
ⓑ MP비누 40g + 그래스 그린 1방울
ⓒ MP비누 10g
ⓓ MP비누 40g + 블랙 소량
ⓔ MP비누 40g + 와인 레드 소량 + 블랙 소량

1

플라스틱 컵에 크래시 비누 10g을 넣고 약 65℃의 ⓐ를 붓는다. 주걱을 썰어 넣으며 쉰 다음, 준비해둔 용기에 컵을 비스듬히 기울여서 놓는다.

2

표면이 굳으면 두 번째 크래시 비누 10g을 넣고, 약 65℃의 ⓑ를 붓는다. 주걱으로 1층 비누와의 경계를 고루 찔러 어우러지게 하고, 용기에 컵을 비스듬히 기울여서 놓는다.

3

표면이 굳으면 마이카 색소 샤인 실버를 나무 꼬치로 떠서 표면에 흩뿌린다.

4

약 65℃의 ⓒ를 붓고 컵을 한 번 돌린 다음, 세 번째 크래시 비누 10g을 넣는다. 약 65℃의 ⓓ를 붓고, 주걱으로 경계를 고루 찌른 다음 용기에 컵을 비스듬히 기울여서 놓는다.

5

손가락으로 만져도 비누액이 묻어나지 않을 정도로 굳으면 컵을 똑바로 세운다. 약 65℃의 ⓔ를 붓고, 주걱으로 3층 비누와의 경계를 고루 찔러서 어우러지게 한다.

6

완전히 굳으면 85쪽 13과정으로 꺼내고, 원하는 크기로 자른다. 이때 끝이 뾰족해지도록 잘라낸다.

POINT 날카로운 느낌을 내기 위해 물에 씻지 않는다.

크랙 응용

수정
Quartz

 6~8cm

4월의 탄생석.
뛰어난 정화 작용이 있어서 질병을 치료할 때도 쓰였습니다.
생명력을 활성화하고 잠재력을 꽃피우는 힘도 지니고 있어요.

Ingredients

Basic
- MP비누 200g
- 좋아하는 향료 36방울

Color
- 화이트(컬러젤 cj-23) 또는 티타늄 디옥사이드(극소량의 물에 녹인다)
- 다이아몬드 펄(마이카 ma-01)
- 트루 실버(글리터 gl-10)
- 골든 스파클(마이카 ma-13)

Ready

※ 자세한 제작법은 82~85쪽 에메랄드 참조

- MP비누 20g을 잘게 잘라서 크래시 비누를 만들고 이등분한다.
- MP비누 180g을 녹이고 향료를 36방울 넣는다.
- 녹인 MP비누를 오른쪽 분량대로 종이컵에 나누어 담고, 각각 색소를 넣어서 주걱으로 잘 섞는다.

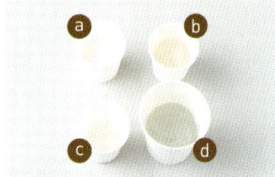

- ⓐ MP비누 40g+화이트 2방울
- ⓑ MP비누 40g+다이아몬드 펄 1/2작은술
- ⓒ MP비누 10g
- ⓓ MP비누 90g+트루 실버 1/2작은술

1

플라스틱 컵에 크래시 비누 10g을 넣고 약 65℃의 ⓐ를 붓는다.

2

주걱을 찔러 넣으며 섞는다.

3

표면이 굳으면 두 번째 크래시 비누 10g을 넣고, 약 65℃의 ⓑ를 붓는다. 주걱으로 1층 비누와의 경계를 고루 찔러서 어우러지게 한다.

4

표면이 굳으면 마이카 색소 골든 스파클을 나무 꼬치로 떠서 표면에 흩뿌린다.

5

약 65℃의 ⓒ를 붓고, 손가락으로 만져도 비눗액이 묻어나지 않을 때까지 굳힌다.

6

약 65℃의 ⓓ를 붓고, 주걱으로 2층 비누와의 경계를 고루 찔러서 어우러지게 한다. 완전히 굳으면 85쪽 13 과정으로 꺼내서 91쪽 6 과정으로 마무리한다.

크랙 응용

아쾨마린

Aquamarine

6~8cm

3월의 탄생석.
포용력과 정화력을 지니고 있어 마음이 평온해지고 타인에게 관대해집니다.
아름다움을 유지하는 안티에이징 효과도 있어요.

Ingredients

Basic
- MP비누 200g
- 좋아하는 향료 36방울

Color
- 화이트 스파클(마이카 ma-18)
- 스노 화이트(글리터 gl-01)
- 펄 블루(컬러젤 cj-09)
- 골든 스파클(마이카 ma-13)

Ready

※ 자세한 제작법은 82~85쪽 에메랄드 참조

- 플라스틱 컵이 들어갈 만한 크기의 용기에 컵을 기울여둘 수 있도록 둥글게 뭉친 랩을 넣는다.
- MP비누 20g을 잘게 잘라서 크래시 비누를 만들고 이등분한다.
- MP비누 180g을 녹이고 향료를 36방울 넣는다.
- 녹인 MP비누를 오른쪽 분량대로 종이컵에 나누어 담고, 각각 색소를 넣어서 주걱으로 잘 섞는다.

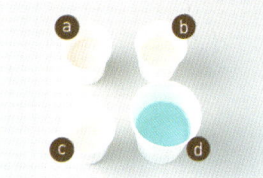

- ⓐ MP비누 40g + 화이트 스파클 1/2작은술
- ⓑ MP비누 40g + 스노 화이트 1/2작은술
- ⓒ MP비누 10g
- ⓓ MP비누 90g + 펄 블루 3방울

1

플라스틱 컵에 크래시 비누 10g을 넣고 약 65℃의 ⓐ를 붓는다. 주걱을 썰어 넣으며 섞는다.

2

준비해둔 용기에 컵을 비스듬히 기울여서 놓는다.

3

표면이 굳으면 두 번째 크래시 비누 10g을 넣고, 약 65℃의 ⓑ를 붓는다. 주걱으로 1층 비누와의 경계를 고루 썰어서 어우러지게 하고, 용기에 컵을 비스듬히 기울여서 놓는다.

4

표면이 굳으면 마이카 색소 골든 스파클을 나무 꼬치로 떠서 표면에 흩뿌린다.

5

약 65℃의 ⓒ를 붓고, 용기에 컵을 비스듬히 기울여서 놓는다.

6

굳으면 컵을 세워서 약 65℃의 ⓓ를 붓고, 주걱으로 경계를 고루 찔러 어우러지게 한다. 완전히 굳으면 85쪽 13, 14 과정으로 마무리한다.

< 크랙 응용

페리도트

Peridot

 4~6cm

▼
8월의 탄생석.
예로부터 태양의 돌로 숭배되었고,
사람의 매력을 발산시키는 힘이 있다고 합니다.
지혜와 분별력을 주어 좋은 인간관계를 쌓게 도와줍니다.

Ingredients

Basic
- MP비누 180g
- 좋아하는 향료 20방울

Color
- 레몬 옐로(컬러젤 cj-08)
- 에메랄드(컬러젤 cj-12)
- 앤티크 골드(마이카 ma-59)

Ready

※ 자세한 제작법은 82~85쪽 에메랄드 참조
- 내열 용기(200㎖, 정사각형)를 준비한다. 없으면 플라스틱 컵을 사용해도 된다.
- MP비누 80g을 잘게 잘라서 크래시 비누를 만든다.
- MP비누 100g을 녹이고 향료를 20방울 넣는다.
- 녹인 MP비누에 오른쪽 분량대로 색소를 넣어서 주걱으로 잘 섞는다.

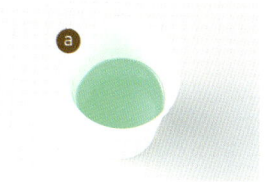

ⓐ MP비누 100g + 레몬 옐로 1방울 + 에메랄드 소량

1

내열 용기에 크래시 비누 80g을 넣고 마이카 색소 앤티크 골드를 나무 꼬치로 떠서 표면에 흩뿌린다.

2

70℃ 이상의 ⓐ를 붓는다.

3

주걱을 찔러 넣으며 섞고, 기포가 생기면 에탄올을 분무한다.

4

한 김 식힌 뒤 냉동실에 20~30분간 넣어 차갑게 만든다. 완전히 굳으면 비누 둘레에 칼을 찔러 넣고 한 바퀴 돌려준다.

5

커팅 보드 위에 용기를 뒤집어서 놓고 바닥을 눌러서 비누를 꺼낸 다음 원하는 크기로 자른다.

6

단면이 많이 생기도록 칼을 비스듬히 대고 표면을 잘라낸다. 둥그스름하게 완성하고 싶다면 미지근한 물에 문질러 씻은 다음, 키친타월 위에 놓고 잘 말린다.

몰드로 만들기

미니 보석비누
Mini jewel soap

⏲ 20 min 📏 4~5cm

🌱

초콜릿용 실리콘 틀을 사용하면 동글동글한 미니 보석비누를 쉽게 만들 수 있습니다.
작은 천 주머니에 넣어서 향낭으로 써도 좋아요.

Ingredients

(25g들이 틀 1개 분량 기준)

Basic
- MP비누 20g
- MP비누 자투리 5g(여기서는 워터멜론 투르말린 사용)
- 좋아하는 향료 4방울

Color
- 좋아하는 색의 컬러젤(여기서는 펄 핑크 cj-10 사용)
- 좋아하는 글리터(여기서는 다이아몬드 실버 gl-06 사용)

Ready

실리콘 틀을 준비한다. 초콜릿용 틀을 사용해도 된다.

보석비누를 만들 때 잘라내고 남은 자투리를 5g 준비한다.

1

잘게 자른 MP비누 자투리를 실리콘 틀에 넣는다.

2

MP비누 20g을 녹이고(12쪽 참조) 향료 4방울, 길리젤 1방울, 글리터 1/2작은술을 넣어 잘 섞는다.

3

2를 70℃ 이상으로 재가열하고, 틀의 80%까지만 붓는다.

POINT 작은 틀에 부을 때는 컵의 가장자리를 뾰족하게 접어서 주둥이를 만들면 붓기 쉽다.

4

작은 숟가락으로 가볍게 저어서 비누가 틀 전체에 퍼지게 한다.

5

남은 2를 틀에 가득 차게 붓고, 기포가 생기면 에탄올을 분무한다.

6

완전히 굳으면 틀에서 꺼낸다.

POINT 냉동실에 20~30분간 넣어서 차갑게 만들면 빨리 굳는다.

| 몰드로 만들기 |

레이어드 보석비누
Layered jewel soap

⏱ 30 min 📏 7 cm

보석비누를 만들 때 나오는 자투리를 버리지 말고 모아서
실리콘 틀에 층층이 넣어 굳히기만 해도 예술 작품이 돼요!

Ingredients

(100g들이 틀 1개 분량 기준)
Basic
○ MP비누 자투리 총 100g(여기서는 6가지 비누의 자투리 사용)

Ready

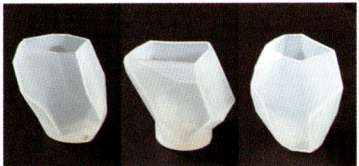

비누용 실리콘 틀(100g들이)을 준비한다. 없으면 플라스틱 컵으로 만든 후 모양을 내서 잘라도 된다.

보석비누를 만들 때 잘라내고 남은 자투리를 모아 100g을 준비한다.

1

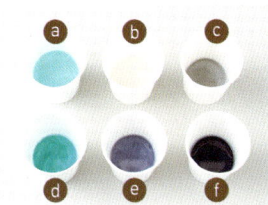

층의 배색을 상상하며 색깔별 자투리를 10~30g씩 종이컵에 나눠 담고(총 100g이 되도록 배분), 전자레인지로 가열해서 주르륵 흐를 정도(약 65℃)로 녹인다.

2

틀에 1층이 되는 ⓐ를 붓는다. 기포가 생기면 그때마다 에탄올(15쪽 참조)을 분무해서 제거한다.
POINT 기포가 남아 있으면 층의 경계가 예쁘게 만들어지지 않는다.

3

손가락으로 만져도 묻어나지 않을 정도로 굳으면 2층이 되는 약 65℃의 ⓑ를 붓는다.
POINT 비누액의 온도가 너무 높으면 아래층의 비누가 녹아서 층이 무너지므로 약 65℃(종이컵을 잡았을 때 약간 뜨겁게 느껴질 정도)인지 확인한다.

4

같은 방법으로 3층이 되는 ⓒ, 4층이 되는 ⓓ, 5층이 되는 ⓔ, 6층이 되는 ⓕ를 차례로 붓는다.

5

완전히 굳으면 틀의 입구를 손가락으로 최대한 벌려서 바깥으로 넓힌다.
POINT 냉동실에 20~30분간 넣어서 차갑게 만들면 빨리 굳는다. 다만 각 층을 굳힐 때는 반드시 상온에서 작업한다.

6

넓힌 입구를 손가락에 건 상태로 틀 바닥에 양 손바닥을 대고 비누를 밀어 꺼낸다. 비누가 손상되지 않게 조심한다.

· Idea ·

선물로

보기에 예쁜 건 물론, 향도 좋고 실제로 사용할 수도 있어서
특히 여성들에게 선물로 환영받는 보석비누.
직접 만든 비누를 설레는 선물로 변신시켜주는 포장법을 소개합니다.

자그마한 보석비누를 각각 랩으로 감싸고(23쪽 참조),
색이 조화롭게 어우러지도록 선물 상자에 채워 넣으세요.
레이스 손수건을 깔면 더욱 예뻐요.

투명한 유리 단지나 유리병에
랩으로 감싼 보석비누를 넣고,
리본으로 장식하면
고급스러운 선물이 됩니다.

컵 바닥에 완충재용 종이 쿠션을 깔고,
랩으로 감싼 뒤 스티커를 붙인 보석비누
몇 개를 담으면 마치 과자 꾸러미 같아요!
리본 끈으로 손잡이를 만들어도 좋아요.

얇은 종이컵에 종이 쿠션을 깔고,
머핀컵에 담은 보석비누를 넣어요.
투명 봉투로 감싸고 리본을 묶은 다음
스티커를 붙이면 완성!

보석비누를 랩으로 깔끔하게 감싸고,
리본 끈을 한 바퀴 두른 뒤
겹치는 부분을 스티커로 고정해주세요.
만들기 쉬우면서도 정성이 느껴지는 선물이랍니다.

Idea
손 씻는 비누로

세면대에 놓아두기만 해도 눈이 즐거운 보석비누.
MP비누가 베이스라서 손을 씻을 때도 사용할 수 있어요.
거품이 일고 향이 퍼지면 행복한 기분에 빠져들어요.

보석비누는 거품을 내서 손을 씻는 비누로 사용해도 문제가 없습니다.
다만, 체질적으로 피부가 맞지 않는 분은 관상용으로 두는 것이 좋겠지요.
사용 후에는 물이 잘 빠지는 비누 받침대에서 최대한 빨리 말리면
색이 변하는 것을 막을 수 있고 예쁜 모양이 오래 유지됩니다.

· Idea ·
향낭으로

작은 보석비누를 랩으로 감싸서 천 주머니에 넣어 향낭으로 사용해도 근사해요.
좋아하는 향을 넣은 비누를 옷장 서랍이나 가방에 안 보이게 넣어서
옷과 손수건에 은은한 향이 배게 해도 좋아요.

보석비누를 넣어 만든 향낭이니까 예쁜 모양이 밖으로 보이도록
속이 비치는 레이스 주머니를 사용하세요.
몰드로 만드는 미니 보석비누처럼 크기가 비슷한 비누를 다양한 색깔로 넣으면(98쪽 참조)
보기에도 예쁜 향낭이 됩니다. 그대로 선물해도 받는 분이 기뻐할 거예요.

Idea
인테리어 소품으로

보석처럼 아름답고 빛나는 보석비누는 인테리어 소품으로도 존재감을 발휘한답니다.
화사하고 고급스러운 공간을 연출할 수 있어요.
현관, 거실, 침실, 파우더룸에 근사하게 장식해서 기분도 전환해보세요.

기분이 한껏 좋아지는
파우더룸에는 액세서리와 함께
호화롭게 장식해도 좋아요.
물방울이 맺히는 것이
신경 쓰인다면 랩으로 감싸두세요.

손님을 초대하는 거실에는
유리병에 몇 개 넣어서 장식해도 좋지요.
비슷한 모양과 색의 비누를 모아서 넣으면
밸런스가 잡혀 고급스러워 보인답니다.

매일매일 소원이 이루어지는
보·석·비·누·클·래·스

초판 1쇄 인쇄 2020년 3월 4일　**초판 1쇄 발행** 2020년 3월 12일

지은이 미나미자와 나나에　**옮긴이** 조수연
펴낸이 연준혁

편집 1본부 본부장 배민수
편집 6부서 부서장 정낙정
책임편집 박인애
디자인 design BIGWAVE

펴낸곳 (주)위즈덤하우스 미디어그룹　**출판등록** 2000년 5월 23일 제13-1071호
주소 경기도 고양시 일산동구 정발산로 43-20 센트럴프라자 6층
전화 (031) 936-4000　**팩스** (031) 903-3893　**홈페이지** www.wisdomhouse.co.kr

값 13,000원
ISBN 979-11-90630-77-1　13630

- 인쇄·제작 및 유통상의 파본 도서는 구입하신 서점에서 바꿔드립니다.
- 이 책의 전부 또는 일부 내용을 재사용하려면 사전에 저작권자와 ㈜위즈덤하우스 미디어그룹의 동의를 받아야 합니다.

> 이 도서의 국립중앙도서관 출판예정도서목록(CIP)은 서지정보유통지원시스템 홈페이지(http://seoji.nl.go.kr)와 국가자료공동목록시스템(http://www.nl.go.kr/kolisnet)에서 이용하실 수 있습니다.(CIP제어번호: CIP2020009009)